2022

广西森林保险发展报告

广西壮族自治区林业局
广西壮族自治区林业勘测设计院 ■ 编
中国银行保险监督管理委员会广西监管局

中国林业出版社
CFPH China Forestry Publishing House

图书在版编目(CIP)数据

2022广西森林保险发展报告 / 广西壮族自治区林业局, 广西壮族自治区林业勘测设计院, 中国银行保险监督管理委员会广西监管局编. -- 北京 : 中国林业出版社,2023.5
ISBN 978-7-5219-2069-7

Ⅰ. ①2　Ⅱ. ①广　②中　③广　Ⅲ. ①林业－财产保险－研究报告－广西－2022 Ⅳ. ①F842.66

中国国家版本馆CIP数据核字(2023)第001040号

责任编辑：何　鹏

出版发行：中国林业出版社
（100009，北京市西城区刘海胡同7号，电话83143543）
电子邮箱：cfphzbs@163.com
网址：www.forestry.gov.cn/lycb.html
印刷：三河市双升印务有限公司
版次：2023年5月第1版
印次：2023年5月第1次
开本：889mm×1194mm　1/16
印张：8.5
字数：130千字
定价：85.00元

2022

广西森林保险发展报告

编写机构及人员

领导小组

组　　长　李巧玉　胡英全

副 组 长　陈祖群　罗伟强　丘　耿

成　　员　韦立权　张　敏　江锦烽

编 写 组

主　　编　罗伟强　韦立权　张　敏

副 主 编　江锦烽　周兴国　甘雯雯　张桂铭　付　孜

编写人员　罗伟强　韦立权　张　敏　江锦烽　周兴国

甘雯雯　张桂铭　付　孜　龙佳峰　张庆观

邓传华　欧发验　黄沿程　陈虹谕　李佩伟

基础资料组

中国人民财产保险股份有限公司广西分公司

陈扬琪　朱志堂　陈染林

中国太平洋财产保险股份有限公司广西分公司

米　超　梁　玥　邹双合　高圣雄　黄　宇　张陈贞瑾

北部湾财产保险股份有限公司

刘子阳　李国锦　唐　潇　何小红　陈秋杏　韦海米

中国人寿财产保险股份有限公司广西分公司

张爱江　田宗占

中国平安财产保险股份有限公司广西分公司

党永恒　唐　菲

中华联合财产保险股份有限公司广西分公司

黄树茂　覃伟卿　邹忠儒

中国大地财产保险股份有限公司广西分公司

陈日荣　张智江　莫思区　唐春旺　黄昱琦　陆丽云

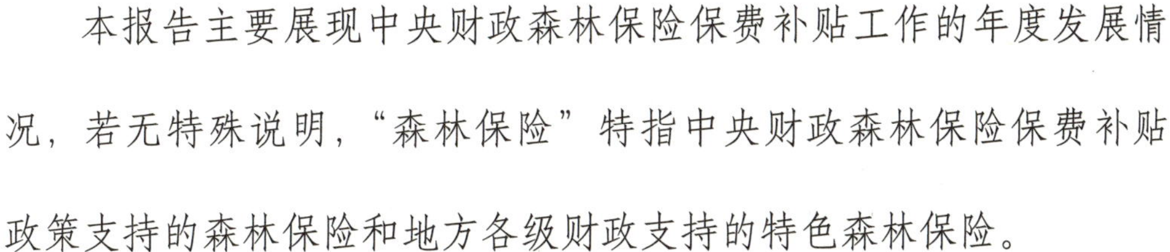

编写说明

本报告主要展现中央财政森林保险保费补贴工作的年度发展情况，若无特殊说明，“森林保险”特指中央财政森林保险保费补贴政策支持的森林保险和地方各级财政支持的特色森林保险。

本报告相关保险机构及对应简称如下：中国人民财产保险股份有限公司广西分公司（以下简称“人保财险”）、中国太平洋财产保险股份有限公司广西分公司（以下简称“太平洋产险”）、北部湾财产保险股份有限公司（以下简称“北部湾保险”）、中国人寿财产保险股份有限公司广西分公司（以下简称“国寿财险”）、中国平安财产保险股份有限公司广西分公司（以下简称“平安产险”）、中华联合财产保险股份有限公司广西分公司（以下简称“中华财险”）、中国大地财产保险股份有限公司广西分公司（以下简称“大地产险”）。

本报告森林保险相关数据均来自人保财险、北部湾保险、太平洋产险、国寿财险、平安产险、中华财险、大地产险等7家保险机构年度统计，可能与财政、银保监及林业主管部门的年度统计数据略有出入，但不影响整体分析结果。

本报告的数据统计原则上按设区市、县（市、区）划分统计单位，避免数据重复。

本报告“保险赔付率”指简单赔付率，即实际赔付金额与保费收入的比值。

本报告根据承保面积计算保险机构的市场份额，对于共保区域，按照各保险机构的份额分配承保面积。

前言

自2013年政策性森林保险在广西全面铺开以来，全区森林保险规模持续扩大，运行机制不断优化，保险服务能力稳步提高，支撑基础更加夯实。经过多年发展，广西政策性森林保险承保规模和保费规模位居全国前列，森林保险已成为全自治区生态建设的“稳定器”、巩固脱贫攻坚成果与乡村振兴有效衔接的“助推器”、产业发展的“加速器”，为推动林业事业的可持续健康发展保驾护航。

在全区林业草原高质量发展阶段，习近平生态文明思想为森林保险指明了目标方向，筑牢我国南方重要生态屏障赋予了森林保险更大使命，全面推进乡村振兴和现代林业强区建设为森林保险提供了更为广阔空间。实现森林保险“扩面、增品、提标”的高质量发展目标，需要全区各级财政、银保监、林业等部门，以及保险机构进一步加强协同配合、创新推进。

《2022广西森林保险发展报告》由广西壮族自治区林业局和中国银行保险监督管理委员会广西监管局牵头编写完成，是广西壮族自治区第一部公开发行的森林保险年度发展报告。报告简单梳理了2013—2021年政策性森林保险的政策、运行和市场建设情况，系统总结了森林保险在产品、技术和服务等方面的创新实践，全面展示了森林保险在生态修复、防灾减灾、助力乡村振兴、绿色金融服务等方面的重要作用，客观分析了森林保险主要存在的问题，据此相应提出了森林保险高质量发展对策建议。本报告的出版，可作为广西政策性森林保险培训学习教材，期待能够为森林保险工作者提供科学数据和决策参考。

编　者

2022年11月

摘要

PREFACE

近10年来，国家和自治区层面相继出台了一系列森林保险支持政策文件，全区森林保险全面推广并取得显著成就。

承保面积及其结构：2013—2021年，全区森林保险承保面积总体保持增长，承保面积从2726万亩增加到1.31亿亩，年均增长率达到21.71%。2021年，全区承保面积1.31亿亩，较2020年减少902万亩，同比下降6.43%；其中：公益林7178万亩，同比减少5.94%；商品林5942万亩，同比减少7.04%；种苗承保面积0.12万亩，同比减少39.08%；油茶收入保险承保面积2.6万亩，同比增加119.24%。从承保结构看，2021年公益林承保面积占54.70%，商品林占45.28%。

保费结构：2013—2021年，全区森林保险保费从4878万元增加到2.18亿元，增加1.69亿元，增幅346.98%，年均增长率20.58%。2021年，全区森林保险保费达2.18亿元，较2020年减少1296万元，同比减少5.61%；亩均保费为1.66元，同比上升0.88%。

保费补贴：2013—2021年，各级财政保费补贴总体持续保持增长，保费补贴从1464万元增加到1.90亿元，年均增长率37.78%；2021年，中央、自治区、市县三级财政保费补贴共计1.90亿元，较2020年减少2022万元，同比下降9.62%；各级财政补贴占全区森林保险保费87.16%，林业经营者平均承担保费12.84%，较2020年增加35.01%。

保险金额：2013—2021年，全区森林保险金额不断增长，从153.03亿元增加到1352.60亿元，年均增长率31.31%；2021年，保险金额1352.60亿元，较2020年增加288.17亿元，同比增长27.07%；2021年公益林和商品林保险金额分别达658.89亿元和692.72亿元，分别占全区森林保险金额48.71%和51.21%。

受灾情况：2013—2021 年，全区森林保险受灾出险面积从 2.29 万亩增加到 37.63 万亩，增长了 15 倍，总体趋势先增后降，主要是商品林受灾。2021 年，全区森林保险受灾出险面积 37.63 万亩，较 2020 年降低 141.29 万亩，降幅为 74.72%。

保险赔付：2013—2021 年，森林保险赔付金额从 2014 年最高 1.27 亿元降低到 2021 年 0.29 亿元，赔付金额下降 95.85%。2021 年，全区森林保险完成理赔 829 起，赔付 0.29 亿元，较 2020 年减少 0.23 亿元，简单赔付率为 13.44%，同比降低 9.34%。

防灾减灾：2021 年，全区森林保险防灾减灾投入 57.66 万元，较 2020 年减少 288.21 万元，同比减少 83.54%。防灾减灾费用投入主要用于购置防灾防损物资和信息系统设备、修缮设施设备、组织宣传培训、建设区域性管护队伍等。

承保主体：2021 年，全区共有人保财险、太平洋产险、北部湾保险、国寿财险、平安产险、中华财险、大地产险 7 家保险机构开展森林保险业务经营。

市场排名：2021 年，全区森林保险承保面积排名依次为人保财险（39.08%）、北部湾保险（28.49%）、太平洋产险（20.01%）、国寿财险（8.40%）、平安产险（1.88%）、大地产险（1.74%）、中华财险（0.31%）。与 2020 年相比，主要保险机构的承保面积排名没有变化，人保财险继续占据全区森林保险市场的主导地位。

市场结构：2021 年，人保财险、北部湾保险、太平洋产险、国寿财险分别占据了较高的市场份额，4 家保险机构的承保面积占全区森林保险承保面积 96.07%，平安财险、中华财险、大地财险由于 2021 年新进森林保险市场，仅占全区森林保险承保面积 3.93%。

产品创新：2021 年，全区各地在油茶收入保险、林木种苗保险、中草药种植保险、坚果树及果实种植保险、古树名木保护救治保险、林业碳汇指数保险等方面做出积极探索，森林保险产品不断丰富，一定程度上满足了林业生产风险保障需求。

技术应用创新：2021 年，全区各保险机构继续将卫星遥感、无人机、物联网等先进技术应用到森林保险承保、定损、理赔及防灾减灾等环节中，持续为森林保险发展和创新带来新动力。

服务创新：2021 年，全区各级林业主管部门联合保险机构不断推进保险运作模式创新和承保理赔模式创新，完善基层服务体系，推行村集体统保模式，成立森林保险定损专家库，引入第三方保险公估公司，森林保险的承保效率和理赔能力得到有效提升。

作用成效：2021 年，森林保险在助力林草生态恢复、构建防灾减灾体系、助推乡村产业振兴和发挥保险融资增信等方面发挥重要作用。

目录

CONTENTS

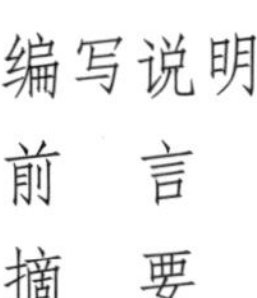

第一章 政策概述

1

第一节　国家政策

第二节　广西政策

近10年来，国家和自治区层面相继出台了一系列森林保险支持政策文件，持续鼓励、规范、引导森林保险工作，推动了全区森林保险稳步发展。

第一节　国家政策

一、2013—2020年主要政策

2012年10月24日，国务院第222次常务会议通过了《农业保险条例》。条例作出如下规定：一是国家支持发展多种形式的农业保险，健全政策性农业保险制度；二是对符合规定的农业保险由财政部门给予保险费补贴，并建立财政支持的农业保险大灾风险分散机制，具体办法由国务院财政部门会同国务院有关部门制定；三是鼓励地方政府采取由地方财政给予保险费补贴、建立地方财政支持的农业保险大灾风险分散机制等措施，支持发展农业保险；四是对农业保险经营依法给予税收优惠，鼓励金融机构加大对投保农业保险的农民和农业生产经营组织的信贷支持力度。条例的实施对充分发挥保险机制的作用、分散和转移农业风险、提高农业抗风险能力、稳定农业生产和保护农民利益等，具有重要意义。

2013年8月，银保监会印发《关于进一步加强农业保险业务监管规范农业保险市场秩序的紧急通知》。文件要求各地保监局及保险机构加大监管力度，严厉查处违法违规行为，切实抓好市场规范工作。

2013年12月，财政部印发《农业保险大灾风险准备金管理办法》。文件要求进一步完善农业保险大灾风险分散机制，规范农业保险大灾风险准备金管理，促进农业保险持续健康发展。

2014年8月，国务院印发《关于加快发展现代保险服务业的若干意见》。文件指出：一是要完善保险经济补偿机制，提高灾害救助参与度；二是大力发展“三农”保险，创新支农惠农方式；三是加强和改进保险监管，防范化解风险；四是完善对农业保险的财政补贴政策。该文件的发布对加快森林保险发展、完善森林保险补贴政策具有重要意义。

2016年12月，财政部印发《中央财政农业保险保险费补贴管理办法》。文件要求进一步规范补贴资金预算管理和拨付流程，增加追究审批

责任的内容，引入“无赔款优待”等方式鼓励农户投保。该文件的发布有利于引导保险机构降低保险费率，加强承保理赔管理，不断提高保障水平和服务质量。

2019 年 9 月，财政部、农业农村部、银保监会、国家林业和草原局联合出台《关于加快农业保险高质量发展的实施意见》。该文件在围绕提升农业保险服务能力、优化农业保险运行机制、加强农业保险基础设施建设、做好组织实施工作等四个方面提出了具体实施意见。

2020 年 1 月，国家林业和草原局印发《国家林业和草原局 2020 年工作要点》。文件要求制定森林保险管理办法和示范性条款，争取启动草原保险试点。该文件的发布对完善森林保险制度体系，推动草原保险发展提供了重要依据。

2020 年 6 月 1 日，银保监会发布《关于进一步明确农业保险业务经营条件的通知》。文件作出如下规定：一是明确农险业务经营条件，从总公司和省级分公司两个层面分别制定农险业务经营条件，凡符合经营条件的保险机构均可在本地开展农险业务，无需向监管机构提出经营资格申请；二是提高农险业务经营标准，从依法合规、风险管控能力、农险服务能力、信息化水平等方面进一步提高了农险经营标准；三是规定不具备农业保险业务经营条件的省级分公司不得以共保的形式参与当地农业保险经营；四是建立完善退出机制和农险经营综合考评机制，对保险机构农险经营管理情况进行动态评估。该文件的发布有助于进一步完善森林和草原保险业务经营条件管理机制，优化森林和草原保险机构布局，规范森林和草原保险市场秩序，从而促进森林和草原保险持续健康发展。

2020 年 6 月 3 日，财政部发布《关于扩大中央财政对地方优势特色农产品保险以奖代补试点范围的通知》。文件指出：将以奖代补试点范围扩大至 20 个省份，试点保险标的或产品增加至三种。在地方财政至少补贴 35% 的基础上，中央财政对中西部地区和东北地区补贴 30%，对东部地区补贴 25%，对新疆生产建设兵团补贴 65%，原则上贫困县县级财政承担的补贴比例不超过 5%。该文件的发布为地方优势特色森林和草原保险发展提供了难得的政策机遇。

2020 年 7 月，银保监会办公厅发布《关于印发推动财产保险业高质量发展三年行动方案（2020—2022 年）的通知》。文件指出：要推动行业向精细化、科技化、现代化转型发展，改进业态模式，深耕细分市场，推动服务创新，提升数字科技水平，完善公司治理体系，加快再保险市场发展，形成结构合理、功能完备、治理科学、竞争有序的财产保险市场体系。该文件的发布为优化森林和草原保险市场，加速产品创新、技术创新、服务创新提供了政策支持。

2020 年 11 月，国家发展和改革委员会、国家林业和草原局、科技部、财政部、自然资源部、农业农村部、中国人民银行、国家市场监督管理总局、银保监会、证监会联合印发《关于科学利用林地资源促进木本粮油和林下经济高质量发展的意见》。文件指出：要鼓励保险机构进一步扩大木本粮油和林下经济产业保险的业务范围。该文件的发布为经济林保险和林下经济保险的发展提供了政策保障。

2020 年 12 月，财政部和农业农村部联合印发《关于加强政策性农业保险承保机构遴选管理工作的通知》。文件指出：要进一步加强政策性农业保险承保机构管理，优化农业保险市场布局，提升农业保险服务质量，提高财政资金使用效益，全面开展政策性农业保险承保机构遴选，加强对承保机构遴选工作的组织领导和推动提升承保机构服务能力。

二、2021 年主要政策

2021 年 2 月，国务院印发《国务院关于加快建立健全绿色低碳循环发展经济体系的指导意见》。文件要求大力发展绿色金融，发挥保险费率调节机制作用。该文件的发布为推动森林保险发展提供了政策机遇。

2021 年 3 月，国务院印发《关于实现巩固拓展脱贫攻坚成果同乡村振兴有效衔接的意见》。文件指出：利用金融服务对脱贫地区提供优势特色产业信贷和保险服务，鼓励各地因地制宜开发优势特色产品保险。该文件的发布为政策性森林保险在助力乡村振兴发展优势特色产业的方向上提供了新思路。

2021 年 3 月底，国务院办公厅发布《国务院办公厅关于加强草原保护修复的若干意见》。文件指出：地方各级人民政府要把草原保护修复及相关基础设施建设纳入基本建设规划，加大投入力度，完善补助政策，鼓励金融机构创设适合草原特点的金融产品，鼓励地方探索开展草原政策性保险试点。该文件的发布为广西的政策性草原保险提供发展的契机。

2021 年 4 月，银保监会办公厅印发《关于 2021 年银行业保险业高质量服务乡村振兴的通知》。文件指出：一是要优化“三农”金融服务体系和机制，鼓励开发适合乡村振兴的商业保险产品，政策性保险要积极争取财政支持政策，完善产品条款，科学拟定费率，更好发挥保险功能作用；二是要充分发挥保险保障作用，提高农业保险试点范围、扩大覆盖面和探索开发新型险种。

2021 年 5 月，中国人民银行、中央农办、农业农村部、财政部、银保监会、证监会联合印发《关于金融支持新型农业经营主体发展的意见》。文件指出：一是针对新型农业经营主体提供点对点对接信贷、保险等服务，支持农村中小金融机构接入新型农业经营主体信息直报系统，加快建立新型农业经营主体名录、土地、示范、补贴、信贷、保险、监管等相关数据目录、标准以及共享和比对机制；二是积极满足新型农业经营主体的保险服务需求，发挥好中国农业再保险机构作用，健全农业再保险制度和大灾风险分散机制；三是鼓励保险机构建立健全农业保险基层服务网络。该文件的发布为森林保险发展林业再保险制度和大灾风险分散机制提供了新思路和技术路线。

2021 年 9 月，中国人民银行、银保监会、证监会、财政部、农业农村部联合印发《关于金融服务乡村振兴的指导意见》。文件指出：一是要坚持农村金融改革发展的正确方向，健全适合乡村振兴发展的金融服务组织体系，积极引导涉农金融机构回归本源；二是明确重点支持领域，切实加大金融资源向乡村振兴重点领域和薄弱环节的倾斜力度，增加农村金融供给；围绕农业农村抵质押物、金融机构内部信贷管理机制、新技术应用推广、“三农”绿色金融等，强化金融产品和服务方式创新，更好满足乡村振兴多样化融资需求；三是充分发挥股权、债券、期货、保险等金融市场功能，建立健全多渠道资金供给体系，拓宽乡村振兴融资来源；四是加强金融基础设施建设，营造良好的农村金融生态环境，增强农村地区金融资源承载力和农村居民金融服务获得感。该文件的发布对优化森林保险市场，多方位提升产品力、技术和服务提供了良好的政策环境，有利于森林保险的高质量发展。

2021 年 9 月，中共中央办公厅、国务院办公厅印发《关于深化生态保护补偿制度改革的意见》。文件指出：要积极发挥市场机制作用，加快推进多元化补偿，鼓励银行业金融机构提供符合绿色项目融资特点的绿色信贷服务，鼓励符合条件的非金融企业和机构发行绿色债券，鼓励保险机构开发创新绿色保险产品参与生态保护补偿。

2021 年 10 月，国务院印发《2030 年前碳达峰行动方案》。文件指出：一是要完善绿色金融评价机制，建立健全绿色金融标准体系；二是要大力发展绿色贷款、绿色股权、绿色债券、绿色保险、绿色基金等金融工具，为碳达峰行动提供经济政策保障。该文件的发布体现出森林和草原在碳达峰行动中将扮演更重要的角色，对森林保险高质量发展提出了更高的要求。

2021 年 11 月，国务院办公厅印发《关于鼓励和支持社会资本参与生态保护修复的意见》。文件指出：一是要支持金融机构参与生态保护修复项目，推动绿色信贷、绿色保险等加大对生态保护修复的投资力度；二是要健全森林保险制度，鼓励保险机构和有条件的地方探索开展保价值、保产量、保收入的特色经济林和林木种苗保险试点，推进草原保险试点，加大保险产品创新力度，完善灾害风险防控和分散机制。该文件的发布为发展特色森林保险、草原保险提供了政策保障和支持。

第二节　广西政策

一、2013—2020 年主要政策

2013 年 4 月，自治区林业厅、财政厅、广西银保监局印发《广西壮族自治区政策性森林保险实施方案（试行）》。文件指出：一是要求探索创新政策性森林保险的运行机制和有效组织方式，完善财政补贴方式和手段，优化承保、理赔模式；二是规定了保险金额、费率和补贴比例，其中：公益林每亩保险金额为 500 元，费率为 3‰，保费由财政全额补贴，中央、自治区财政各 50%；商品林每亩保险金额 800 元，费率为 3.5‰，保费补贴比例为 60%，中央、自治区财政各 30%。

2013年7月，自治区林业厅、广西银保监局出台了《广西壮族自治区政策性森林保险承保理赔业务规程》《广西壮族自治区政策性森林保险灾害损失认定标准》。文件作出如下规定：一是规范森林保险的承保理赔业务和制度；二是界定保险机构的保险责任范围，规范森林火灾、雨雪冰冻、林业有害生物等灾害认定标准。

2013年12月，中共广西壮族自治区委员会宣传部、自治区财政厅出台《关于开展政策性农业保险宣传工作的通知》。文件要求通过媒体和各级宣传服务站点设立专栏，向公众宣传政策性农业保险的保费补贴情况和赔付程序，做好政策性农业保险宣传普及工作。

2014年6月，自治区财政厅制定了《广西壮族自治区农业保险保费补贴资金管理办法》。文件规定了森林保险的保险金额、保费和保费补贴等内容，其中：公益林的保险金额400元/亩，商品林600元/亩；公益林的保费1.2元/亩，由财政全额补贴，商品林1.8元/亩，由农户承担20%，财政补贴80%。

2014年12月，自治区财政厅、金融办、广西银保监局联合编制了《关于鼓励开展地方特色农产品保险的若干指导意见》。文件要求开展特色农产品保险，合理确定保险保障水平，结合农户需求确定保险责任范围，由经办机构和地方政府协商确定保险条款和费率，将财政保费补贴资金列入年度预算，建立奖补机制，构建完善的地方特色农产品服务保障机制。

2015年4月，自治区林业厅、广西银保监局出台《关于成立政策性森林保险纠纷调解委员会的通知》。根据文件要求，自治区林业厅牵头成立自治区政策性森林保险纠纷调解委员会，负责协调处理标的较小的森林保险投诉案件，受理有争议的森林保险案件，承担政策性森林保险政策的解释和宣传。

2017年7月，自治区林业厅、广西银保监局联合印发《广西政策性森林保险林业有害生物灾害损失认定标准》。文件规定：一是成灾标准：枝叶有害生物，枝叶受害率60%以上，或树木死亡率10%以上；树干有害生物，树干受害株率30%以上，或树木死亡率10%以上。二是必须清理的认定：发生林业检疫性或危险性有害生物或成灾森林经承保单位与投保者共同认可的第三方论证。三是受损面积统计：林业检疫性有害生物为害达到成灾标准的整个小班均为受害林分，受损面积为成灾林分中已投保面积累计之和；其他有害生物为害的受损面积以实际成灾面积统计，面积以亩为统计单位。

2017 年 12 月，自治区财政厅印发《关于开展林木种苗保险试点工作的通知》。文件作出如下规定：一是林木种苗保险试点品种有三个，即杉木苗、油茶苗和桉树苗，计划在 11 个市投保 10000 亩；二是保险费率为 5%；三是保费补贴，自治区财政补贴 50%，县级财政 20%，林木种苗培育户承担 30%，建档贫困户保费由自治区财政承担 100%。

2018 年 6 月，自治区财政厅、广西银保监局印发《关于加大政策性农业保险扶持力度支持深度贫困地区脱贫攻坚的通知》。文件指出：一是高度重视深度贫困地区脱贫攻坚工作，根据《自治区扶贫开发领导小组办公室关于印发全区深度贫困县深度贫困乡镇深度贫困村名单的通知》（桂扶领办发〔2017〕65 号）确定了 20 个深度贫困县，分别是：都安、三江、乐业、大化、那坡、融水、隆林、凤山、东兰、德保、天等、罗城、昭平、靖西、巴马、凌云、马山、忻城、田林、环江；二是调整深度贫困地区相关险种政策，其中公益林险保险金额从 500 元 / 亩上调至 625 元 / 亩，费率从 0.3% 下调至 0.24%，商品林险保险金额从 800 元 / 亩上调至 1000 元 / 亩，费率从 0.35% 下调至 0.28%。

2019 年 6 月，广西银保监局、自治区财政厅印发《关于进一步加大政策性农业保险支持脱贫攻坚工作的通知》。文件要求进一步降低全区 20 个深度贫困地区中央财政补贴型农业保险利率，持续提高保险金额，其中：商品林（中低风险区域）费率下调至 0.18%，保额提高至 1111 元，每亩保费 2 元，商品林（高风险区域）费率下调至 0.36%，保额提高至 1111 元，每亩保费 4 元；公益林费率下调至 0.18%，保额提高至 556 元，每亩保费 1 元。

2019 年 11 月，自治区林业局印发《广西壮族自治区森林保险防灾经费管理办法》。文件要求保险防灾经费从承办机构政策性农业保险的防预费中列支，年度列支总额不超过上一年政策性森林保险保费总额的 1.5%，其中：上一年政策性森林保险的综合赔付率超过 100% 的，列支保险防灾经费不超过0.5%；在70%～100%的，列支保险防灾经费不超过1.0%；在60%～70%的，列支保险防灾经费不超过1.3%；在60%以下（不含60%）的，列支保险防灾经费不超过1.5%。

2020年4月，自治区财政厅、农业农村厅、广西银保监局、林业局、糖业发展办公室联合印发《广西农业保险高质量发展工作方案》。文件指出：一是明确到2022年，基本建成功能完善、运行规范、基础完备，与农业农村现代化发展阶段相适应、与林农风险保障需求相契合、各级各部门分工负责的多层次农业保险体系；二是到2030年，农业保险持续提质增效、转型升级，实现补贴有效率、产业有保障、农民得实惠、机构可持续的多赢格局。

二、2021年主要政策

2021年1月，自治区人民政府办公厅印发《促进全区中药材壮瑶药材产业高质量发展实施方案的通知》。文件指出：按照大宗农产品标准，向种植规模在5万亩以上中药材壮瑶药材品种提供政策性保险；要求各市、县（市、区）人民政府负责中药材壮瑶药材产业项目谋划和实施，加大项目招商引资力度，在用地、审批、金融、科技等方面给予支持，优化营商环境，切实解决项目实施中遇到的困难和问题。

2021年2月，自治区林业局印发《2021年全区油茶“双千”计划实施方案的通知》。文件要求支持保险机构开展油茶保险业务，探索实施油茶收入保险、价格保险、气象指数保险等符合林农利益的油茶特色保险业务，力争年内完成油茶保险面积18万亩，落实各个责任单位。该文件的发布明确了油茶保险的发展思路和目标，为油茶产业的发展提供了政策性的保障。

2021年4月，自治区人民政府办公厅印发《农村金融改革“田东模式”六大体系升级建设方案（2021—2023年）》。文件要求加强保险体系建设，一是健全保险服务组织体系，二是持续提高农业保险保障水平，三是探索建立农业保险信息共享机制。

2021年5月，自治区财政厅印发《广西壮族自治区财政厅关于提高部分政策性农业保险风险保障水平有关事项的通知》。文件指出：自2021

年 6 月 1 日起，公益林每亩保额从 500 元提高至 1000 元，费率从 0.2% 下调至 0.1%；商品林每亩保额从 1000 元提高至 1250 元，高风险地区费率从 0.4% 下调至 0.32%，低风险地区费率从 0.2% 下调至 0.16%。该文件的发布进一步提升了全区森林保险的风险保障水平。

2021 年 5 月下旬，自治区人民政府办公厅印发《广西加快推进国家储备林高质量发展十条措施》。文件指出：力争将国家储备林项目全面纳入政策性森林保险范围，提高保险保额，降低保险费率。该文件的发布将有效地提升广西政策性森林保险的覆盖面，同时对森林保险的保额和费率拟定提出新要求。

2021 年 8 月，自治区财政厅、林业局等四部门印发《广西壮族自治区财政厅等四部门关于完善油茶收入保险试点工作的通知》。文件要求结合全区油茶产业发展实际及近年油茶收入保险试点情况，进一步完善油茶收入保险政策，完善具体的保险内容，规定了保险标的、被保险人、保险责任、保险期限、保险金额和保费、保费分担比例、赔偿处理方案等。该文件的发布为油茶收入保险工作奠定了政策保障。

第二章 发展情况

经过多年的发展，广西政策性森林保险保费补贴政策覆盖全区 14 个市 111 个县（市、区）。2021 年度全区森林保险承保面积共 1.31 亿亩，保险金额达 1352.60 亿元，年度总保费为 2.18 亿元；各级财政补贴 1.90 亿元，其中：中央财政补贴 7811 万元；自治区财政补贴 9230 万元；市县财政补贴 1962 万元。全年完成森林保险赔款 0.29 亿元，简单赔付率 13.44%。2020 年，在全国 33 个地区和单位中，广西森林保险承保面积位居第 4 位，与 2019 年持平，保额居全国第 5 位，较 2019 年上升 2 位。

第一节　承保面积

近 10 年来，随着各级财政资金的大幅投入，全区政策性森林保险承保面积总体保持增长。

一、总体承保面积

2013—2021 年，广西森林保险承保面积从 2726 万亩增加到 1.31 亿亩，年均增长率达到 21.71%。广西森林保险面积在 2018 年之前保持快速增长，自 2018 年开始，承保面积保持在 1.35 亿亩左右（表 2-1）。

表 2-1　2013—2021 年全区森林保险面积变化情况

类别 / 年份	总面积		公益林		商品林	
	面积（万亩）	增幅（%）	面积（万亩）	占比（%）	面积（万亩）	占比（%）
2013	2726		183	6.72	2542	93.28
2014	8616	216.12	5776	67.04	2840	32.96
2015	10781	25.13	6977	64.71	3804	35.29
2016	11052	2.51	7513	67.98	3539	32.02
2017	12256	10.90	7832	63.90	4425	36.10
2018	13674	11.56	7918	57.91	5756	42.09
2019	13140	-3.91	7444	56.65	5695	43.34
2020	14024	6.73	7632	54.42	6391	45.57
2021	13122	-6.43	7178	54.70	5942	45.28

注：①种苗保险和油茶保险的面积较小统计在总面积当中，未列出分项；②部分数据因四舍五入的原因，存在分项合计不等的情况（下同）。

2021年，广西森林保险承保面积为1.31亿亩，较2020年减少902万亩，同比减少6.43%。其中：公益林7178万亩，同比减少5.94%；商品林5942万亩，同比减少7.04%；种苗承保面积0.12万亩，同比减少0.08万亩，降幅39.08%；油茶收入保险承保面积2.6万亩，同比增加1.4万亩，增长119.24%。

从承保结构来看，商品林承保面积仅在2013年占比高于公益林，达到93.28%，其余年份公益林承保面积占比略高商品林。2021年公益林承保面积占54.70%，商品林占45.28%。

从承保率来看，2021年全区森林保险承保率60.76%，柳州市、桂林市、梧州市、百色市、贺州市、河池市和崇左市等7个市承保率达50%以上，其中：柳州市森林保险承保率最高，达到91.41%，其次是桂林市86.26%；钦州市、贵港市、玉林市承保率较低，分别为13.61%、22.28%、17.77%（图2-1）。

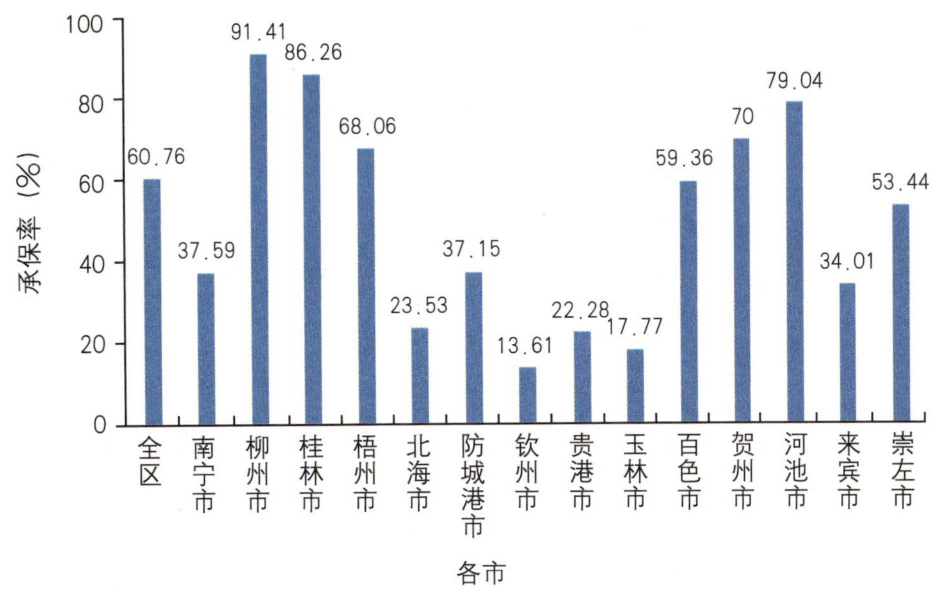

图2-1 2021年各市森林保险承保率情况

二、公益林承保面积

全区公益林承保从2013年开始，承保面积从183万亩增加到7178万亩，年均增长率58.20%。2018年全区公益林承保面积最高，面积7918万亩。2021年，公益林承保面积7178万亩，较2020年下降453万亩，降幅5.94%（图2-2）。

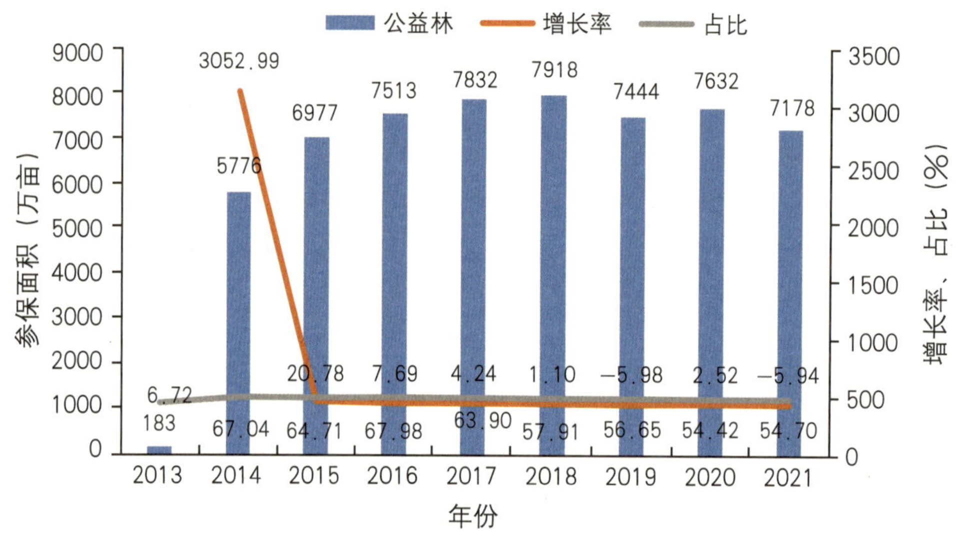

图2-2　2013—2021年全区公益林承保面积及其变化情况

从各市承保情况来看，2021年全区14个市均开展公益林承保，公益林承保面积排名前5位的市依次为河池市、百色市、桂林市、崇左市和柳州市（表2-2）。

表2-2　2021年各市公益林承保面积分布情况

面积（万亩）	0～100	100～500	500～1000	1000～3000
市	玉林市、钦州市 贵港市、北海市	柳州市、南宁市 防城港市、来宾市 贺州市、梧州市	崇左市	河池市、百色市、桂林市

从变化幅度看，2021年全区仅有崇左市公益林承保面积保持增长，增幅为18.09%，北海市没有变化，其余12个市公益林承保面积均出现下降。承保面积下降最大的3个市分别为钦州市、防城港市和来宾市，降幅分别达到68.42%、37.32%和22.24%（图2-3）。

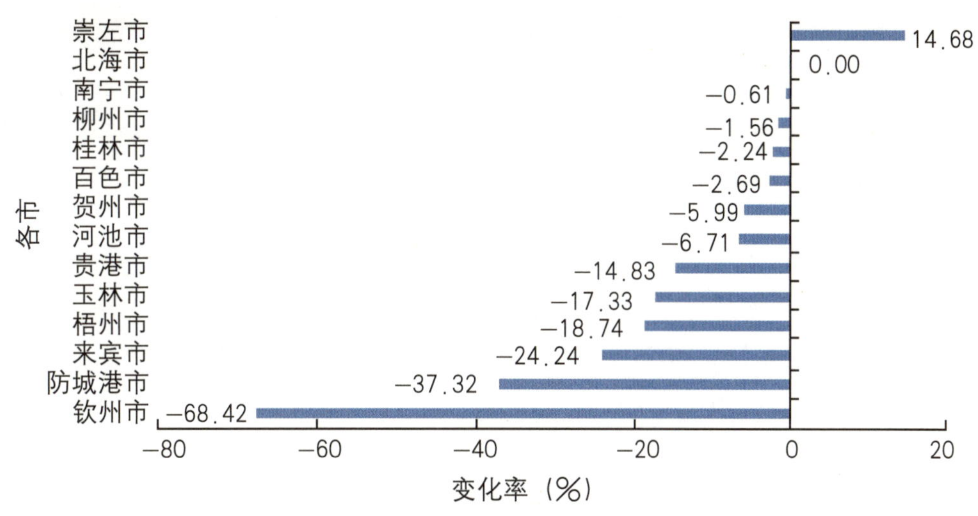

图 2-3　2021 年各市公益林承保面积变化情况

从承保率来看，2021 年全区公益林承保率 89.16%。南宁市、柳州市、桂林市、梧州市、北海市、防城港市、贵港市、百色市、贺州市、河池市和崇左市等 11 个市公益林承保率均达 80% 以上，其中：柳州市、北海市、百色市公益林全部承保；桂林市、河池市和贺州市承保率超过 90%。钦州市、玉林市和来宾市公益林承保率较低，仅分别为 22.80%、47.13% 和 64.37%（图 2-4）。

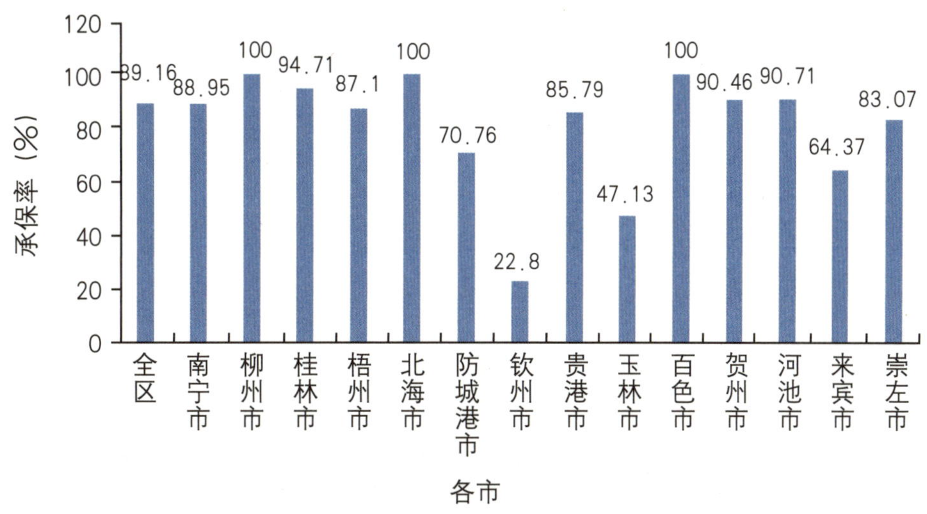

图 2-4　2021 年各市公益林承保率情况

三、商品林承保面积

2013—2021 年，全区商品林承保面积从 2542 万亩增加到 5942 万亩，年均增长率达到 11.20%。除 2016 年、2019 年和 2021 年外，其余年份商品林承保面积均保持 2 位数增长。

2021 年，全区商品林承保面积 5942 万亩，与 2020 年相比，减少 450 万亩，降幅为 7.04%（图 2-5）。在承保面积上，商品林低于公益林，增长率也有较大波动，在 2016 年、2019 年和 2021 年均出现负增长，但与 2019 年之前相比，2021 年商品林的承保面积仍处于增长状态，但其在全区森林保险面积的占比较 2020 年略有下降。

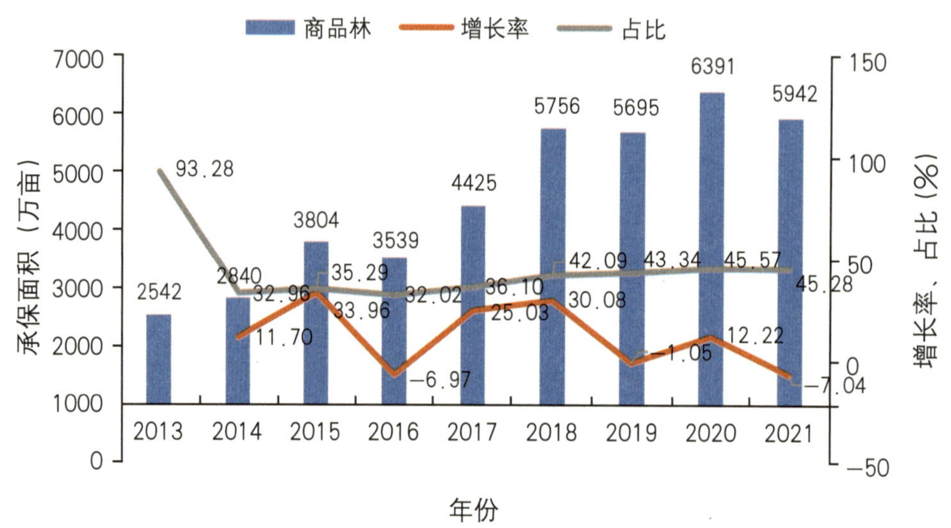

图 2-5　2013—2021 年全区商品林承保面积变化情况

从各市的情况来看，2021 年 14 个市均开展商品林承保，承保面积超过 1000 万亩的有桂林市、柳州市；承保面积在 100 万～1000 万亩的有河池市、百色市、梧州市等 8 个市；承保面积低于 100 万亩的有 4 个市，其中北海市承保面积最低，仅为 27 万亩（表 2-3）。

表 2-3　2021 年各市商品林承保面积分布情况

面积（万亩）	0～100	100～500	500～1000	1000～3000
市	防城港市、贵港市、来宾市、北海市	玉林市、钦州市南宁市、崇左市	河池市、百色市梧州市、贺州市	桂林市、柳州市

从变化幅度来看，2021 年，梧州市、贵港市和崇左市等 3 个市商品林承保面积保持增长，增幅分别为 28.84%、27.92% 和 23.96%；其他 11 个市商品林承保面积均有所下降，承保面积下降最多的 3 个市分别为北海市、贺州市和钦州市，降幅分别为 24.64%、22.41% 和 18.09%（图 2-6）。

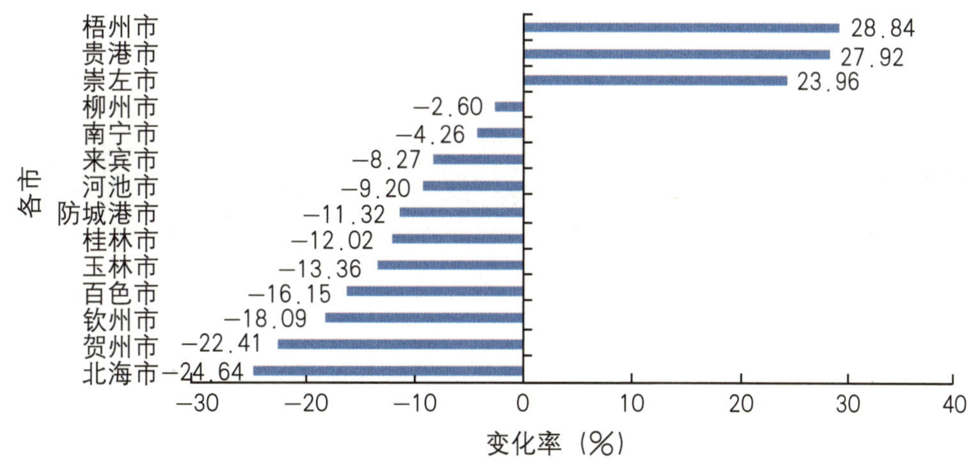

图 2-6　2021 年各市商品林承保面积变化情况

从承保率来看，2021 年全区商品林承保率 43.88%。南宁市、北海市、防城港市、钦州市、贵港市、玉林市、百色市、来宾市和崇左市等 9 个市商品林承保率低于 40%；柳州市、桂林市、梧州市、贺州市和河池市承保率高于 60%，其中柳州市和桂林市承保率较高，分别达到 87.53% 和 79.05%（图 2-7）。

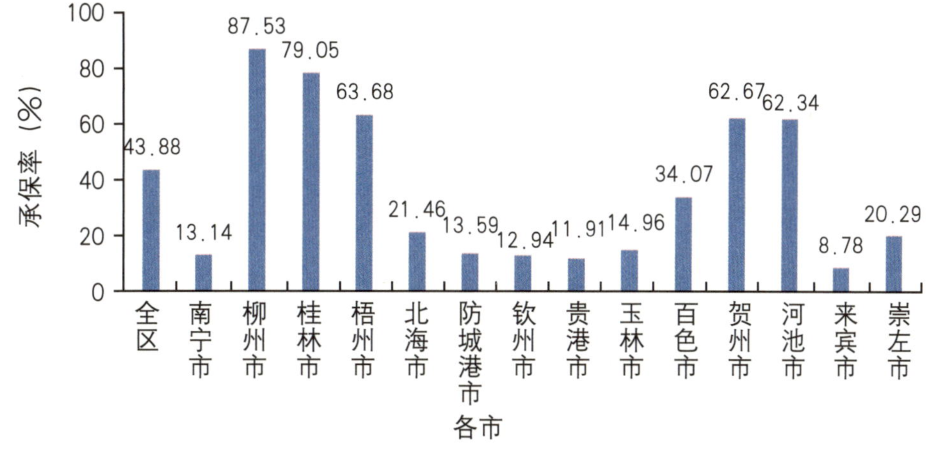

图 2-7　2021 年各市商品林承保率情况

四、种苗、油茶收入保险承保面积

广西开展的地方性保险有种苗保险和油茶收入保险，种苗保险和油茶收入保险分别从2018年和2020年开始承保。种苗保险规模较小，2018—2021年承保面积均不超过2000亩。2021年，种苗保险承保面积1178亩，同比下降39.08%；油茶收入保险承保面积25589亩，同比增长119.24%（表2-4）。

表2-4　2018—2021年全区种苗、油茶收入保险承保面积情况

类别 年份	种苗保险		油茶收入保险	
	面积（万亩）	增长率（%）	面积（万亩）	增长率（%）
2018	443			
2019	1592	259.33		
2020	1933	21.46	11672	
2021	1178	-39.08	25589	119.24

第二节　保险保费

2021年，由于森林保险承保面积的增加和亩均保费的提高，广西森林保险保费与2020年相比有小幅度增加，其中公益林和商品林保费均有提高。公益林亩均保费和2020年保持一致，商品林亩均保费有所增加。与2019年相比，总体保险费率有所降低。

一、保费总额

2013—2021年全区森林保险保费从4878万元增加到2021年的2.18亿元，增加1.69亿元，增幅为346.98%，年均增长率为20.58%。从亩均保费来看，2013—2021年亩均保费在1.3～2.1元波动，变化幅度较大，2021年亩均保费相比2020年有所回升，增加0.01元（见表2-5）。

2021年，全区承保地区和单位的森林保险保费达到2.18亿元，较2020年减少1296万元，同比减少5.61%；亩均保费为1.66元，同比上升0.88%。

表 2-5　2013—2021 年全区森林保险保费变化情况

年份＼指标	保费		亩均保费	
	金额（万元）	变化（%）	金额（元）	变化（%）
2013	4878		1.79	
2014	11620	138.24	1.35	-24.64
2015	15007	29.14	1.39	3.21
2016	20246	34.91	1.83	31.60
2017	24001	18.55	1.96	6.90
2018	27846	16.02	2.04	4.00
2019	20816	-25.25	1.58	-22.21
2020	23098	10.96	1.65	3.96
2021	21802	-5.61	1.66	0.88

从保费构成来看，除 2013 年商品林保费占比达到 94.37% 外，2014—2021 年商品林保费占比不断提升，从 2014 年的 41.62% 上升到 2021 年的 66.85%，提高了 23.23%；公益林保费占比则是不断下降，从 2014 年的 58.38% 下降到 2021 年 33.88%，下降了 25.50%；种苗保险保费占森林保险保费比例不断上升，2021 年略有下降；2021 年油茶收入保险占森林保险保费的比例仅 0.94%，同比增长 0.27%（图 2-8）。

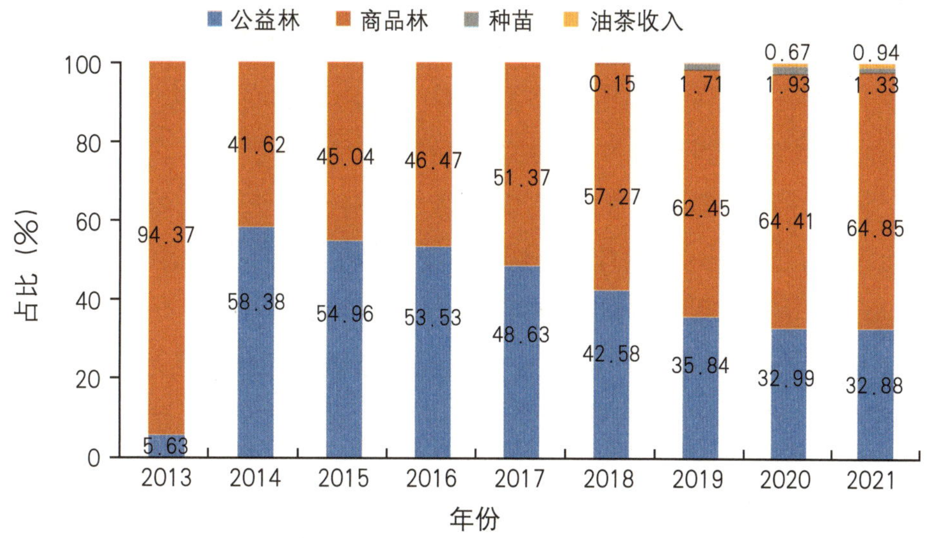

图 2-8　2013—2021 年全区森林保险保费构成及其变化情况

分各市来看，由于承保面积、保险费率和亩均保额的变化，2021 年，梧州市、贵港市和崇左市等 3 市的保费规模总体保持增长，增幅依次为 15.79%、14.81% 和 12.21%。其他各市保费均有所下降，其中防城港市下降最多，降幅 26.13%（图 2-9）。

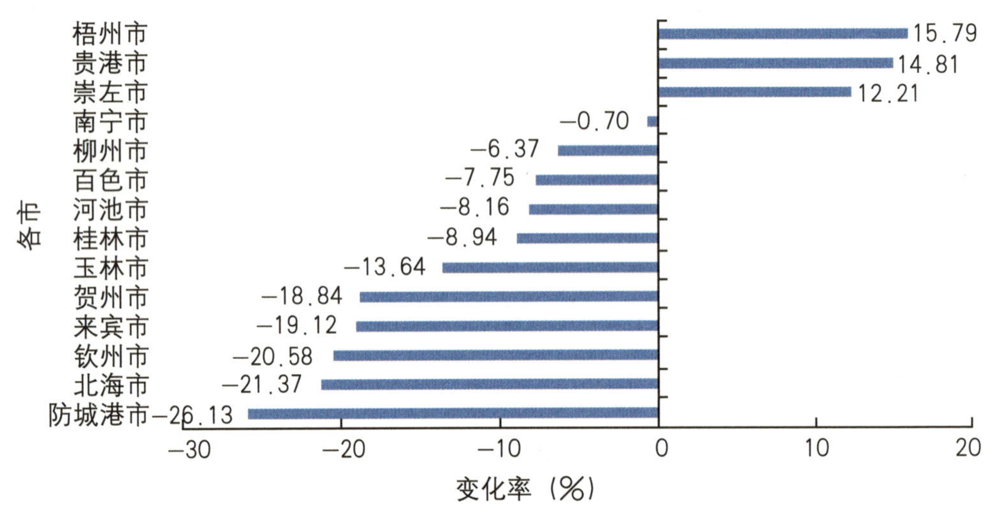

图 2-9　2021 年各市森林保险保费的变化率

二、公益林保费

2013—2021 年，公益林保险保费从 2013 年的 275 万元增加到 2021 年的 7169 万元，增加 6894 万元，增幅达 2508.64%，年均增长率 50.32%。随着公益林保险覆盖率不断提高及亩均保费的调整，公益林保费不断增加，增速逐步放缓，2017 年后增长率开始波动。公益林保险保费在全区森林保险保费中的占比逐年降低，并趋于稳定。根据自治区森林保险政策，2013—2015 年亩均保费为 1.2 元，2016—2018 年调整上升为 1.5 元，2019 年后降为 1 元（表 2-6）。

2021 年，全区 14 个市和单位的公益林保费达 7169 万元，占森林保险保费的 33.88%，比 2020 年减少 451 万元，减少 5.92%；亩均保费为 1 元，与 2020 年保持一致。

表 2-6　2014—2021 年全区公益林保险保费变化情况

指标 年份	保费		亩均保费
	金额（万元）	变化（%）	金额（元）
2013	275		1.2
2014	6784	2368.61	1.2
2015	8248	21.58	1.2
2016	10838	31.40	1.5
2017	11672	7.70	1.5
2018	11857	1.58	1.5
2019	7460	-37.09	1
2020	7620	2.15	1
2021	7169	-5.92	1

分各市来看，公益林保险保费规模方面，由于承保面积、保险费率和亩均保额的变化，2021 年公益林保险保费仅崇左市保持增长 13.20%，其他市公益林保费同比均为下降，降幅最大的为钦州市，达 68.42%（图 2-10）。

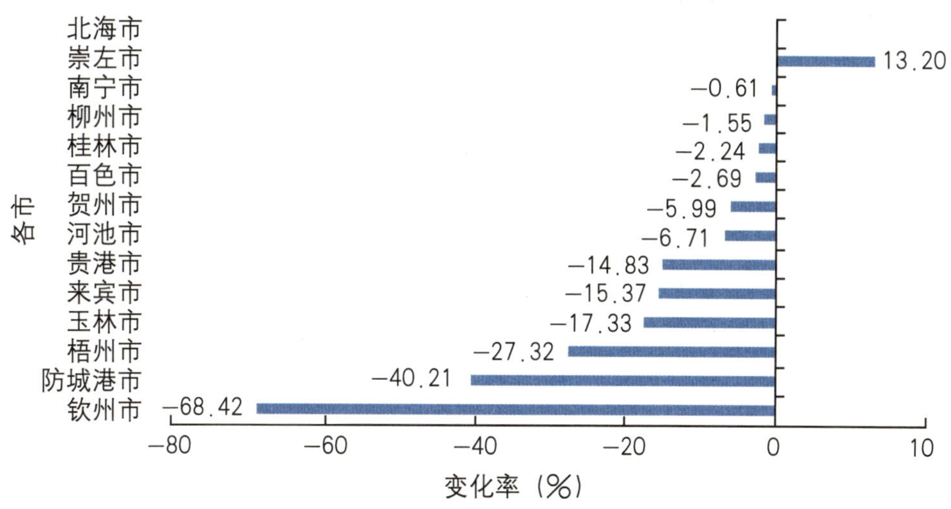

图 2-10　2021 年各市公益林保险保费变化率

三、商品林保费

2013—2021 年全区商品林保费从 4603 元增加到 1.41 亿元，增加了 9536 万元，增幅为 207.18%，年均增长率 15.06%。2013—2018 年商品林保费连续 5 年实现增长，2019 年首次出现下降，2020 年再次实现增长，2021 年略有下降。同时商品林保费在全区森林保险保费中的占比由 2014 年的 41.62% 上升至 2021 年的 64.85%。在亩均保费方面，根据自治区森林保险政策，2013—2015 年全区亩均保费为 1.8 元，2016—2018 年调整上升为 2.8 元，2019 年后中低风险区亩均保费降为 2 元，高风险区保费升为 4 元（表 2-7）。

表 2-7 2013—2021 年全区商品林保险保费变化情况

年份＼指标	保　费		亩均保费	
	金额（万元）	变化（%）	中低风险区（元）	高风险区（元）
2013	4603		1.8	1.8
2014	4837	5.08	1.8	1.8
2015	6759	39.75	1.8	1.8
2016	9408	39.20	2.8	2.8
2017	12329	31.04	2.8	2.8
2018	15947	29.35	2.8	2.8
2019	13000	-18.48	2	4
2020	14878	14.45	2	4
2021	14138	-4.97	2	4

2021 年，全区商品林保费达 1.41 亿元，占森林保险保费的 64.85%，比 2020 减少 740 万元，下降 4.97%；亩均保费与 2020 年一致，即低中风险区 2 元，高风险区为 4 元。

从各市看，2021 年商品林保费有增有降，贵港市、梧州市和崇左市等 3 个市较 2020 年有所增长，增幅分别为 27.92%、21.43% 和 10.70%；其余 11 个市商品林保费均下降，降幅最大的 3 个市是北海市、贺州市和钦州市，降幅分别为 24.64%、21.66% 和 16.55%（图 2-11）。

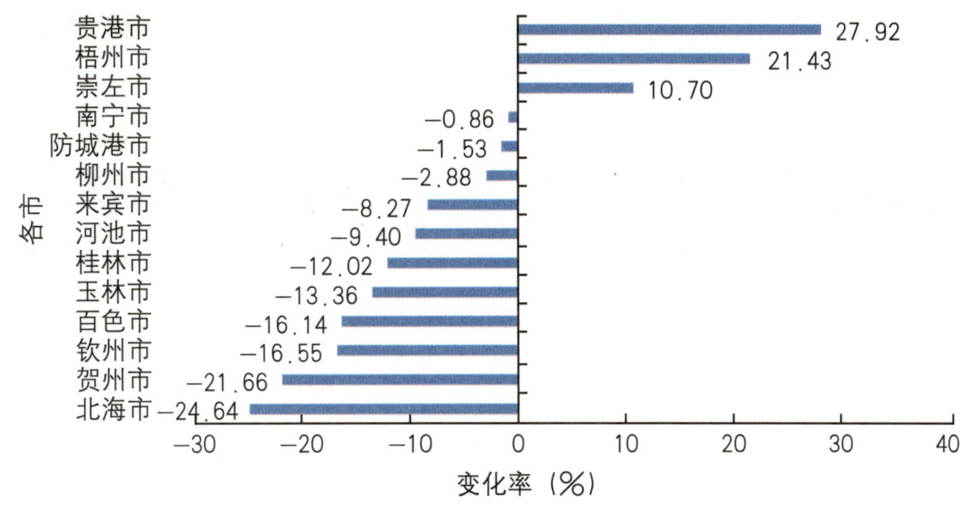

图 2-11　2021 年各市商品林保费变化情况

2021 年，根据风险区划分，北海市、钦州市、防城港市、玉林市、贵港市和崇左市属于高风险区，商品林亩均保费为 4 元；南宁市、柳州市、桂林市、百色市、贺州市、河池市和来宾市等其他 7 个市属于中低风险区，商品林亩均保费均为 2 元（图 2-12）。

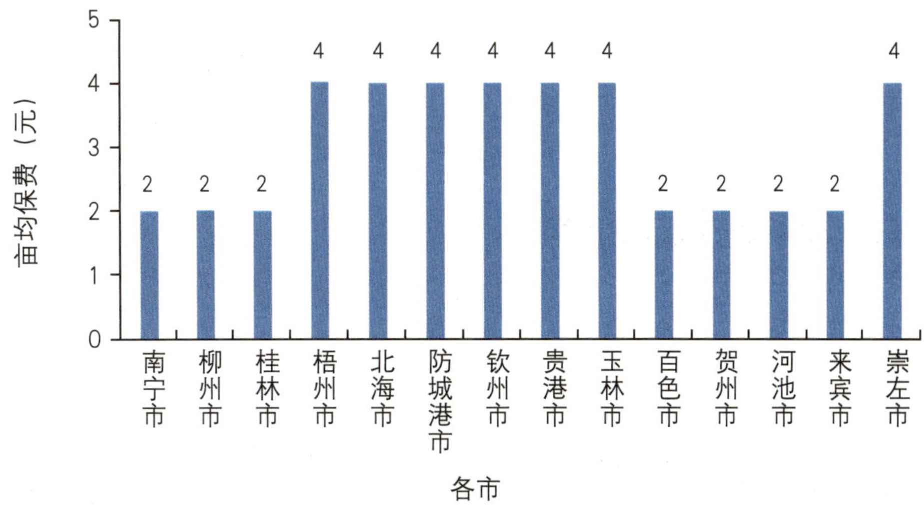

图 2-12　2021 年各市商品林亩均保费

四、种苗保险保费

2018—2020 年，种苗保险保费总体保持增长，2021 年略有下降，同比下降 34.90%（表 2-8）。

表 2-8　2018—2021 年全区种苗保险保费变化情况

年份＼指标	保　费	
	金额（万元）	变化（%）
2018	42	
2019	356	745.18
2020	445	24.95
2021	290	-34.90

2021 年，种苗保险亩均保费根据不同苗木种类和苗木类型而不同，亩均保费最高的是油茶容器苗 2500 元；其次是油茶裸根苗和杉木容器苗 500 元；第三是杉木裸根苗 250；最低的是桉树苗 150 元（表 2-9）。

表 2-9　2021 年全区种苗保险亩均保费情况

苗木种类	苗木类型	亩均保费（元）
杉木苗	裸根苗	250
	容器苗	500
油茶苗	裸根苗	500
	容器苗	2500
桉树苗		150

五、油茶收入保险保费

2021 年，油茶收入保险保费 205 万元，比 2020 年增加 50 万元，同比增长 32.45%（表 2-10）。

表 2-10　2020—2021 年全区油茶收入保险保费变化情况

年份＼指标	保　费	
	金额（万元）	变化（%）
2020	155	
2021	205	32.45

2021 年，8 年（含）以上树龄良种油茶林亩均保费 100 元，比 2020 年减少 35 元，同比下降 25.93%；5 年（含）至 7 年树龄良种油茶林亩均保费 60 元，同比下降 33.33%；2021 年增加了 8 年（含）以上树龄非良种油茶林，亩均保费 80 元（表 2-11）。

表 2-11　2020—2021 年全区油茶收入保险亩均保费情况

指标 年份	品种	约定产量（千克）	预定收购价格（元 / 千克）	亩均保费（元 / 亩）	亩均保费变化率（%）
2020	8年（含）以上树龄良种油茶林	600	4.5	135	
	5年（含）至7年树龄良种油茶林	400	4.5	90	
2021	8年（含）以上树龄良种油茶林	500	4	100	-25.93
	8年（含）以上树龄非良种油茶林	400	4	80	
	5年（含）至7年树龄良种油茶林	300	4	60	33.33

第三节　保费补贴

2021 年，广西继续保持高水平的森林保险保费财政补贴，中央、自治区、市县三级财政分担大部分保费，由林业经营者承担的保费仅占 19.01%，林业经营主体的保费负担保持在较低水平。

一、各级财政补贴

中央、自治区、市县三级财政成为保费主要来源。2013—2021 年各级财政保费补贴从 1464 万元增加到 2021 年的 1.90 亿元，年均增长率 37.78%。2013—2018 年，财政补贴金额持续保持增长，2019—2021 年略有波动（图 2-13）。

2021 年，中央、自治区、市县三级财政对全区 14 个市森林保险的保费补贴金额共计 1.90 亿元，比 2020 年减少 2022 万元，同比下降 9.62%。各级财政补贴占全区森林保险保费的 87.16%，林业经营者平均承担保费

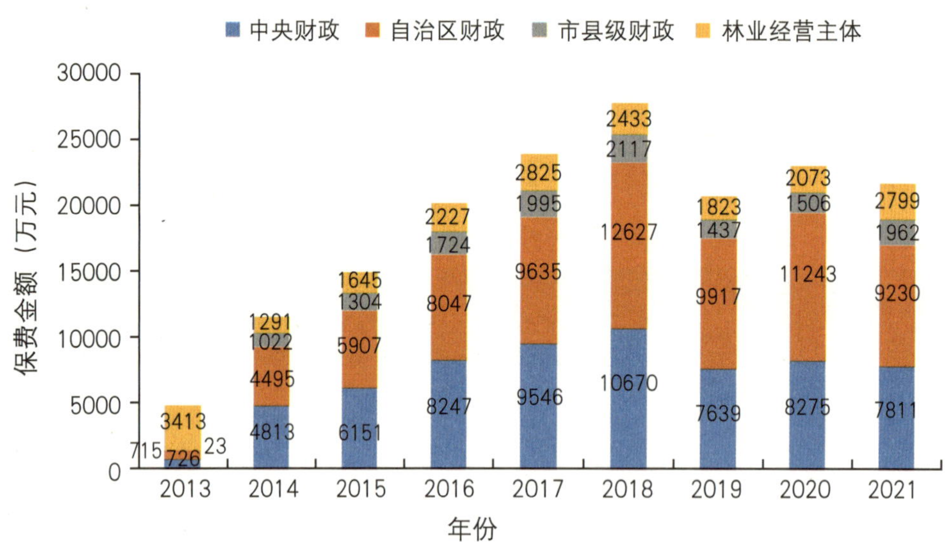

图 2-13　2013—2021 年全区森林保险保费分担情况

的 12.84%，较 2020 年增加 35.01%。

从保费补贴结构来看，2021 年中央、自治区、市县三级财政对森林保险的保费补贴分别为 7811 万元，9230 万元和 1962 万元，分别占保费的 35.83%、42.34% 和 9.00%；从保费补贴结构变化来看，各级财政补贴逐渐增加，林业经营主体所承担的保费比例较为稳定。中央和自治区级财政补贴较 2020 年分别减少 464 万元和 2013 万元；市县财政补贴增长 456 万元。

从承保结构来看，因承保面积和补贴比例差异，2013 年森林保险财政补贴大部分投向商品林，公益林保费补贴仅占 18.76%。2014 年，公益林森林保险保费补贴占比达到 65.67%，历年最高，然后比例逐年减少，2021 公益林森林保险保费补贴占全部财政补贴金额的 37.72%，相比 2020 年的 36.24% 有所回升；商品林森林保险保费补贴占比在 2014 年占 34.33%，然后保持逐年增加，2020 年达到最高，占 61.13%；2021 年商品林森林保险保费补贴占比 60.26%，较 2020 年下降 0.87%；种苗森林保险保费从 2018 年开始补贴，占比逐年增加，2021 年略有下降，但比例均不超过 3%；2020 年和 2021 年实施油茶收入保险试点，财政补贴占比分别为 0.52% 和 0.65%（图 2-14）。

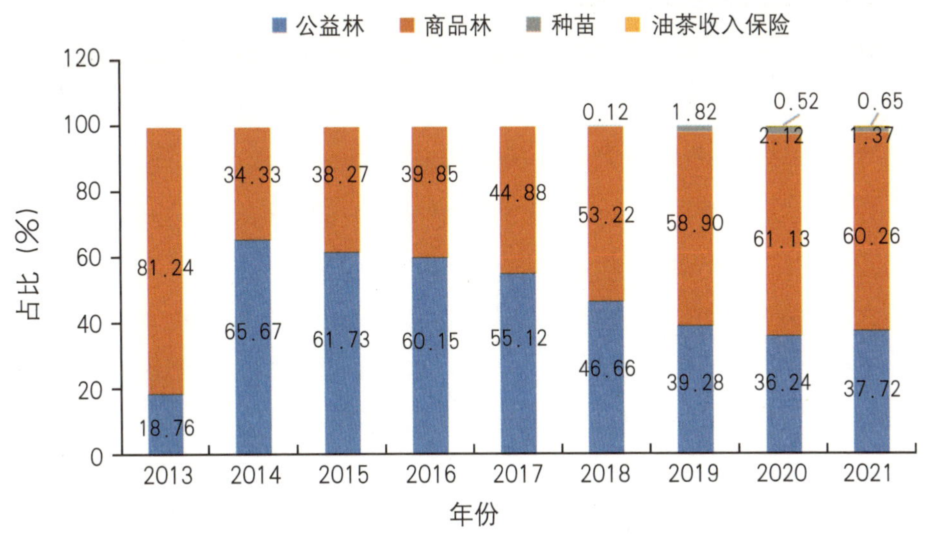

图 2-14　2013—2021 年全区森林保险保费补贴分配情况

二、公益林保费补贴

2013—2021 年，各级财政对公益林的保费全额补贴，从 275 万元增加到 7169 万元，年均增长率 50.32%。

2021 年，各级财政对公益林的保费全额补贴总计 7169 万元。其中：中央、自治区、市县财政补贴金额依次为 3584 万元、2961 万元和 623 万元，分别占公益林保费的 50.00%、41.31% 和 8.69%（图 2-15）。

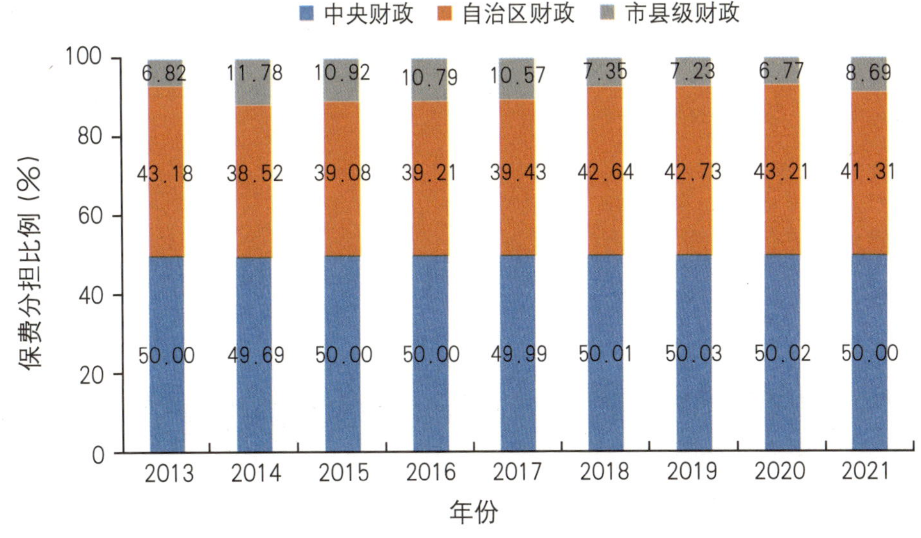

图 2-15　2013—2021 年全区公益林保费分担情况

三、商品林保费补贴

2013—2021 年各级财政补贴商品林保费比例逐年增加，2018 年后财政补贴达到保费的 80% 以上。林业经营主体分担比例逐年减少，2018 年以来，林业经营主体分担保费比例稳定在 13%～20%。

2021 年，各级财政对商品林保费补贴 1.15 亿元，补贴比例达到 80.99%。其中，中央、自治区、市县财政补贴金额依次为 4227 万元、6004 万元和 1220 万元，分别占商品林保费的 29.90%、42.43% 和 8.67%（图 2-16）。在各级财政补贴之后，林业经营主体实际分担的商品林保费为 2688 万元，占商品林总保费的 19.01%，分担比例较 2020 年上升 5.39%。

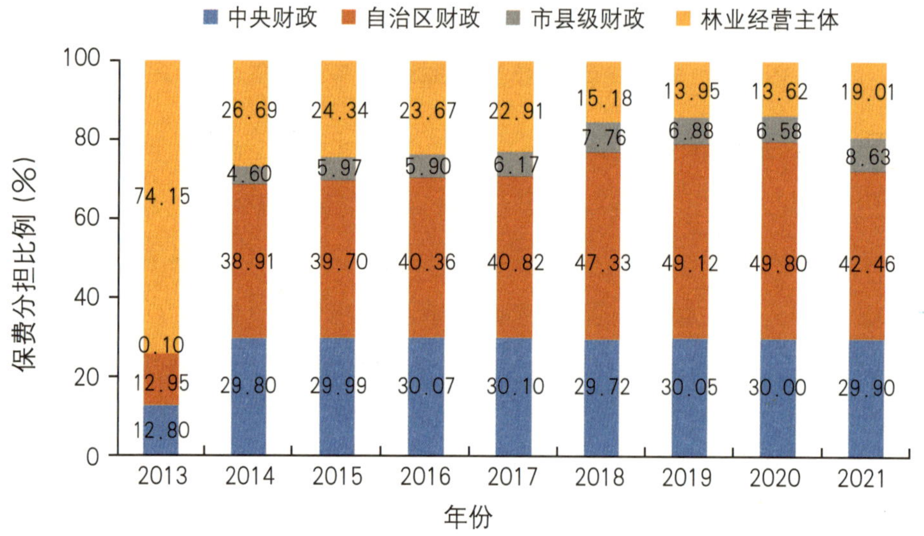

图 2-16　2013—2021 年各级财政商品林保险保费补贴比例变化情况

从各市承保情况来看，玉林市、梧州市、河池市、防城港市等 4 个市的各级财政商品林保费补贴比例超过 80%；南宁市、柳州市、崇左市、百色市等 9 个市的商品林保费补贴比例在 70%～80%（表 2-12）。

表 2-12　2021 年商品林保费财政补贴比例分布情况

百分比	＜70%	70%～80%	80%～90%
各市		南宁市、崇左市、贵港市、防城港市	桂林市、玉林市、柳州市、梧州市、北海市、钦州市、百色市、河池市、贺州市

四、种苗保费补贴

2018—2021 年，自治区财政和市县财政对种苗保险补贴持续增加，由 30 万元增加至 261 万元，增长 8.6 倍。2020 年自治区财政 100% 补贴种苗保险保费，原因是自治区财政对深度贫困县种苗保险全额补贴。2021 年，各级财政对种苗保险保费补贴 261 万元，较 2020 年下降 34.90%。

2021 年财政补贴金额和比例分别为：自治区财政补贴 152 万元，占 52.62%；市县级财政补贴 108 万元，占 37.42%；林业经营主体负担占保费 9.96%（图 2-17）。

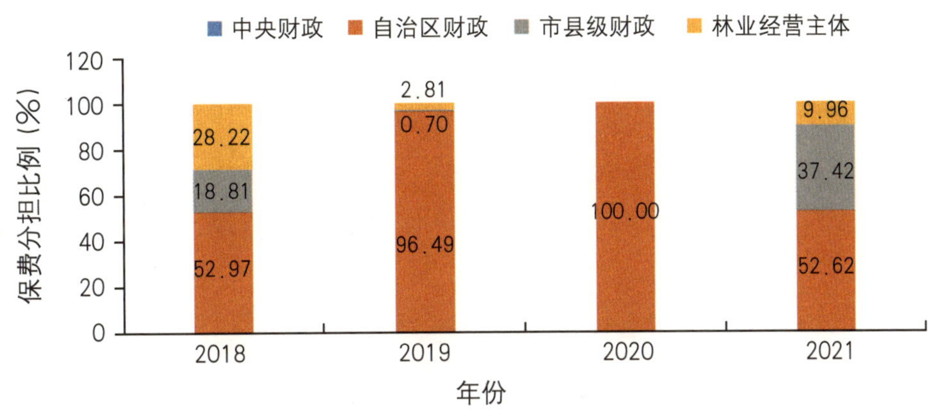

图 2-17　2018—2021 年各级财政种苗保险保费补贴比例变化情况

五、油茶收入保险保费补贴

油茶收入保险是广西地方特色险种，2021 年，自治区财政和市县级财政补贴油茶收入保险总计 123 万元，补贴比例达到 60.00%，其中：自治区财政补贴保费 113 万元，占油茶收入保险保费的 55.00%，市县级财政补贴 10 万元，占 5.00%。林业经营主体负担 82 万元，占油茶收入保险保费的 40.00%，分担比例较 2020 年增加了 10%（表 2-13）。

表 2-13　2020—2021 年各级财政油茶收入险保费补贴比例变化情况

指标 资金来源	2020 年		2021 年	
	金额（万元）	占保费比例（%）	金额（万元）	占保费比例（%）
合　计	108	100	205	100
自治区财政	97	62.34	113	55.00
市县级财政	12	7.66	10	5.00
林业经营主体	46	30.00	82	40.00

第四节　保险金额

2021 年，广西森林保险的风险保障水平进一步稳步提升，为林业生产经营提供 1352.60 亿元风险保障。公益林和商品林保险金额均有所增加。森林保险主管部门和各保险机构进一步优化保险条款，在稳定亩均保费的同时，不断提升亩均保额。

一、总体保险金额

2013—2021 年，随着森林保险承保面积的变化，保险金额不断增长；2021 年全区森林保险金额 1352.60 亿元，较 2013 年增加 1199.57 亿元，增长 783.86%，年均增长率 31.31%。从变化率上看，2014 年，由于承保面积的大幅增加，保险金额增幅达到 155.20%，此后 2015—2018 年保持两位数增长，到 2019—2020 年增长率略有放缓（图 2-18）。

2021 年的保险金额达到 1352.60 亿元，较 2020 年增加 288.17 亿元，同比增长 27.07%。其中公益林和商品林保险金额分别为 658.89 亿元和 692.72 亿元，分别占全区森林保险金额 48.71% 和 51.21%。

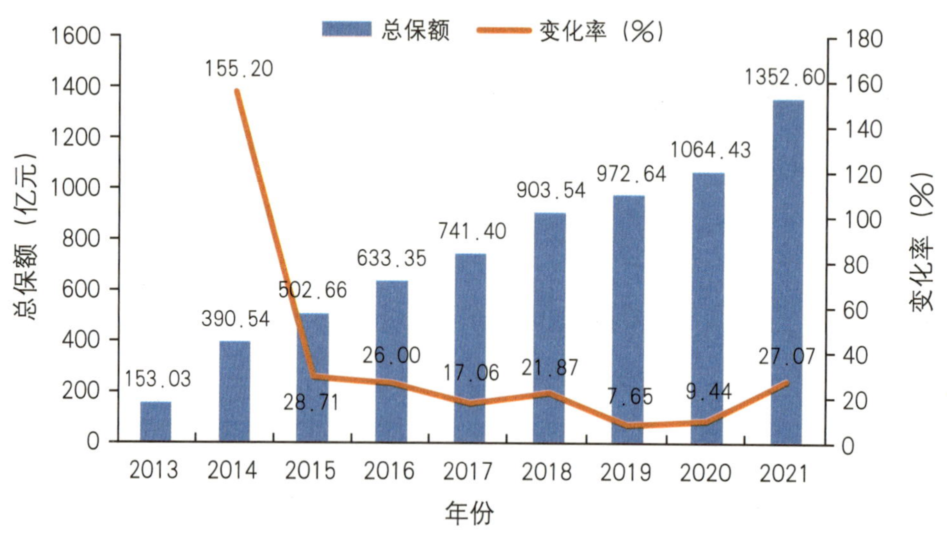

图 2-18　2016—2020 年全区森林保险金额变化情况

2021 年，公益林、商品林、种苗和油茶收入保险金额分别为 658.89 亿元、692.72 亿元、0.58 亿元和 0.41 亿元，分别占 48.82%、51.11%、0.04%

和 0.03%。

在亩均保额和费率方面，根据自治区森林保险政策，2021 年全区公益林、商品林亩均保额分别调整为 1000 元、1250 元；种苗保险亩均保额 3000～50000 元，油茶收入保险亩均保额 1200～2000 元。公益林费率为 0.1%～0.2%；商品林费率为 0.16%～0.4%；种苗和油茶收入保险费率均为 5%（表 2-14）。

表 2-14　2013—2021 年全区森林保险保额变化情况

年度	森林种类	保险金额		亩均保额（元）	费率（%）
		金额（亿元）	增长率（%）		
2013	总　计	153.03			
	公益林	9.16		500	0.3
	商品林	143.87		800	0.35
2014	总　计	390.54	155.20		
	公益林	226.26		400	0.3
	商品林	164.28	14.19	600	0.35
2015	总　计	502.66	28.71		
	公益林	277.36	22.59	400	0.3
	商品林	225.30	37.14	600	0.3
2016	总　计	633.35	26.00		
	公益林	361.25	30.25	500	0.3
	商品林	272.10	20.77	800	0.35
2017	总　计	741.40	17.06		
	公益林	389.04	7.69	500	0.15
	商品林	352.36	29.50	800	0.28
2018	总　计	903.54	21.87		
	公益林	427.32	9.84	500	0.15
	商品林	476.13	35.13	800	0.28
	种　苗	0.08		3000～50000	5
2019	总　计	972.64	7.65		
	公益林	385.92	-9.69	500～556	0.18～0.2
	商品林	586.01	23.08	1000～1111	0.18～0.4
	种　苗	0.71	752.51	3000～50000	5

年度	森林种类	保险金额		亩均保额（元）	费率（%）
		金额（亿元）	增长率（%）		
2020	总　计	1064.43	9.44		
	公益林	397.93	3.11	500～556	0.18～0.2
	商品林	665.31	13.53	1000～1111	0.18～0.4
	种　苗	0.89	-58.56	3000～50000	5
	油　茶	0.30		1800～2700	5
2021	总　计	1352.60	27.07		
	公益林	658.89	65.58	1000	0.1～0.2
	商品林	692.72	4.12	1250	0.16～0.4
	种　苗	0.58	-34.84	3000～50000	5
	油　茶	0.41	38.17	1200～2000	5

从结构上看，2021 年，公益林和商品林占森林保险金额各接近 50%，种苗保额仅占 0.04%；2021 年公益林保额从 2014 年占比为 57.93% 下降至 48.82%（图 2-19）。

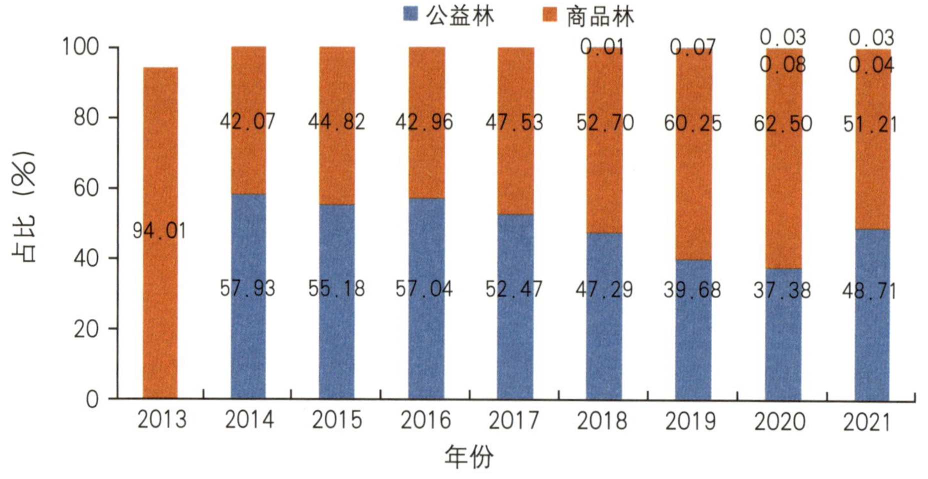

图 2-19　2013—2021 年全区森林保险金额构成及变化情况

从各市情况来看，2021 年，有 11 个市的保险金额同比增加，增幅排名前 3 位的分别是崇左市、南宁市和贵港市，分别增长 68.46%、56.99% 和 48.55%；贺州市、钦州市和贺州市同比出现下降，降幅分别为 18.09%、17.65% 和 1.08%（图 2-20）。

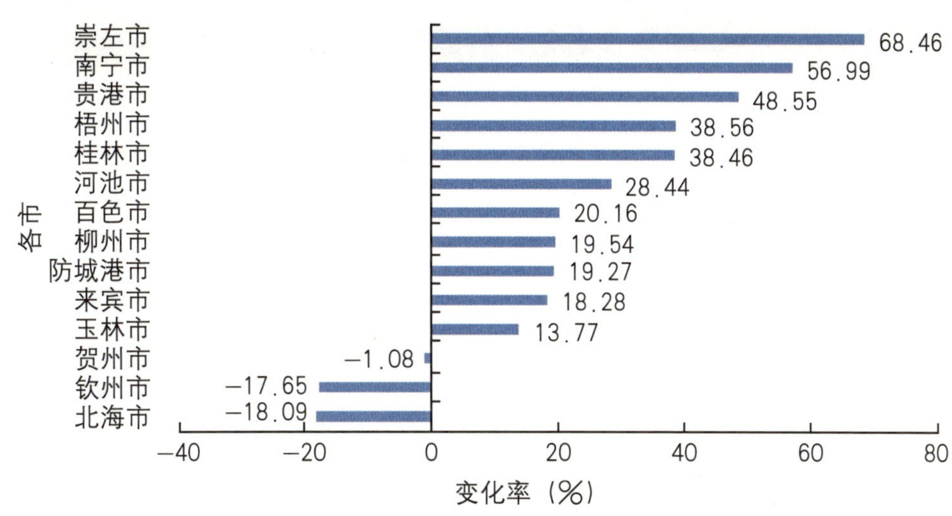

图 2-20 2021 年各市森林保险金额变化情况

二、公益林保险金额

2013—2021 年，随着公益林面积的增加，保险政策的调整，公益林保险金额保持连续增长，2018 年达到 427.32 亿元后 2019 年保险金额略有下降，降幅为 9.69%；2020 年小幅增长 3.11%。2021 年，保险金额为 658.89 亿元，比 2020 年增加 260.96 亿元，上升 65.58%（图 2-21）。

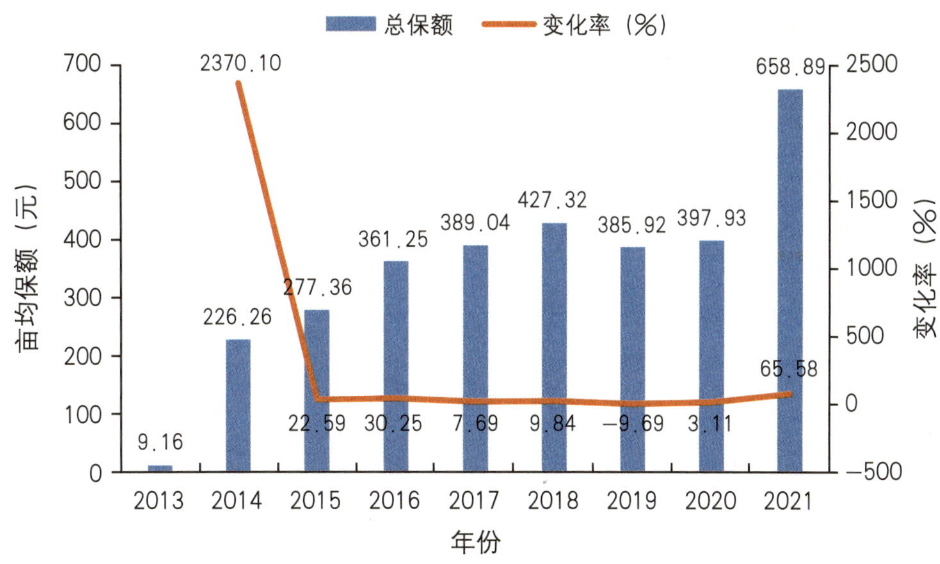

图 2-21 2013—2021 年全区公益林保险金额变化情况

从各市情况来看，与2020年相比，2021年共有13个地区的公益林保险金额增加，增幅排名前3位的分别是南宁市、崇左市和柳州市，分别增长85.80%、85.71%和78.09%；仅钦州市出现下降，下降48.56%（图2-22）。

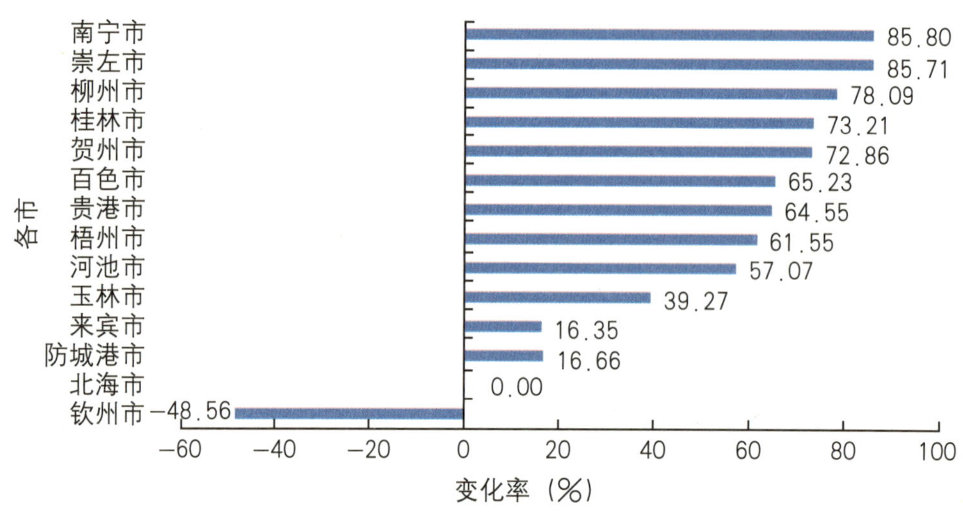

图2-22 2021年各市公益林保险金额变化率

三、商品林保险金额

2013—2021年，全区商品林保险金额保持两位数增长，增长率最高的年份是2015年，增长37.14%，保险金额225.30亿元；增长率最低是2021年，增长4.12%，保险金额达到692.72亿元。

2021年，全区商品林保险金额为692.72亿元，比2020年增加27.41亿元，增长4.12%（图2-23）。

从各地区和单位情况来看，与2020年相比，2021年有9个地区和单位的商品林保险金额增加，增幅较大的是贵港市、崇左市和梧州市，分别增长40.41%、38.25%和19.13%；有5个地区和单位的商品林保险金额减少，降幅最大的是北海市，下降24.24%（图2-24）。

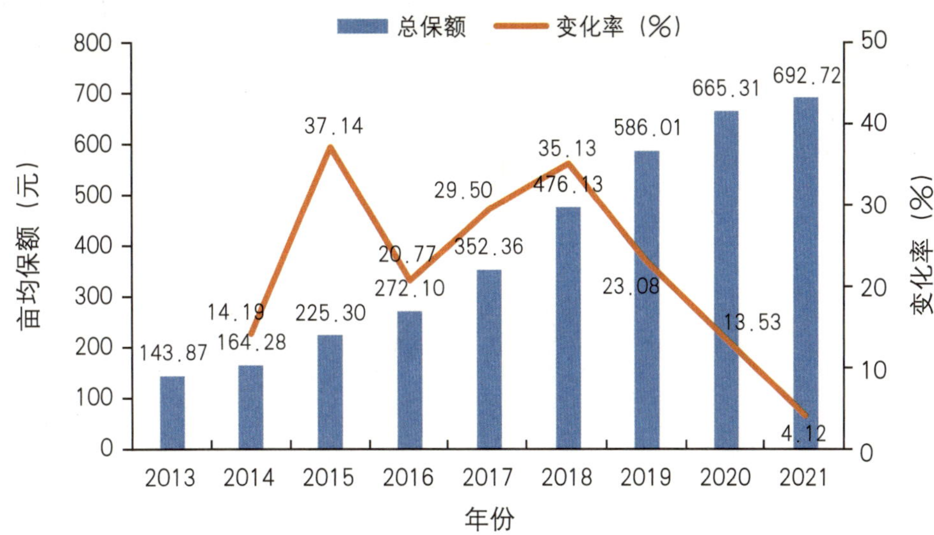

图 2-23 2013—2021 年全区商品林保险亩均保额变化情况

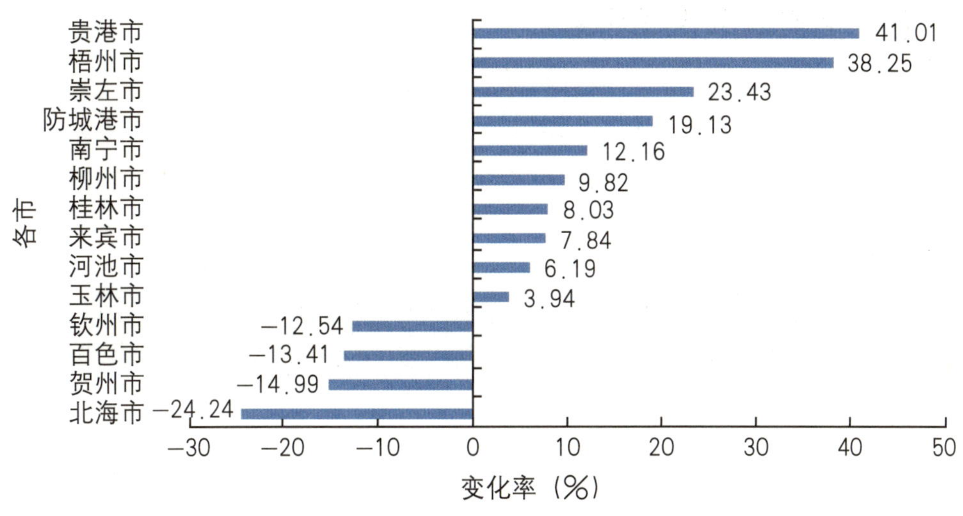

图 2-24 2021 年各市商品林保险金额变化率

四、种苗保险金额

2019 年种苗保险较 2018 年保持高速增长，增幅为 752.51%，2020 年增幅放缓为 24.82%，2021 年因为仅河池市承保种苗保险，承保面积下降，因此种苗保险金额下降到 5795 万元，比 2020 年减少 3098 万元，降幅 34.84%（图 2-25）。

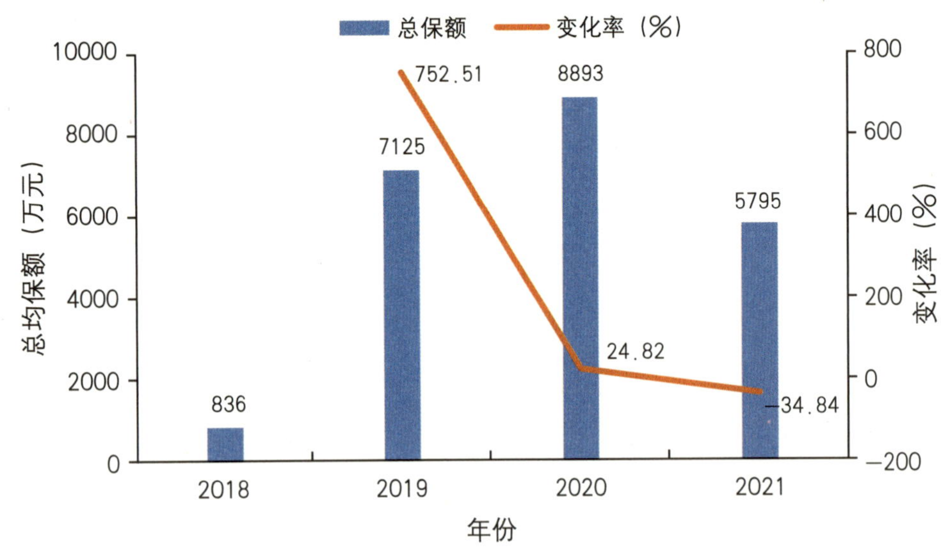

图 2-25　2018—2021 年全区种苗保险金额变化情况

五、油茶收入保险金额

2021 年，油茶收入保险金额 4080 万元，较 2020 年增加 1127 万元，增幅 38.17%。2021 年根据油茶树龄的不同，亩均保额在 1200～2000 元，费率均为 5%（表 2-15）。

表 2-15　2020—2021 年全区油茶收入保险金额情况

年份＼指标	金额（万元）	品　种	保险金额（元/亩）	费率（%）
2020年	2953	8年（含）以上树龄良种油茶林	2700	5
		5年（含）至7年树龄良种油茶林	1800	5
2021年	4080	8年（含）以上树龄良种油茶林	2000	5
		8年（含）以上树龄非良种油茶林	1600	5
		5年（含）至7年树龄良种油茶林	1200	5

第五节　受灾情况

2021 年，全区承保森林受灾出险面积有所降低，商品林受灾出险面积远高于公益林受灾出险面积。

一、总体受灾出险面积

2013—2021年全区森林保险承保公益林和商品林各类灾害出险面积从2.29万亩增加到37.63万亩，增长了15倍。2014年由于承保面积的大幅度增加以及超强台风“威马逊”影响，广西森林保险受灾出险面积大幅提升，增长3618.94%。森林保险受灾出险面积在2017年、2020年和2021年有所下降，降幅分别为44.37%、11.89%和74.72%。

从灾害类型来看，2013—2021年风灾是主要灾害，风灾面积增加与台风的影响密切相关。根据广西壮族自治区气象台发布的影响或登陆广西的较大台风有：2014年超强台风“威马逊”、2015年强台风“彩虹”、2016年强热带风暴“莎莉嘉”和2018年台风“山竹”。这4次台风均导致该年份的风灾面积占当年总灾害面积比例超过50%。

2021年，全区森林保险受灾出险面积为37.63万亩，较2020年降低141.29万亩，降幅为74.72%（表2-16）。

表2-16 2013—2021年森林保险公益林和商品林受灾出险情况

单位：万亩、%

年份	变化率	合计	森林火灾	风灾	气象灾害	有害生物	水文灾害	地质灾害	其他灾害
2013		2.29	0.69	1.60					
2014	3618.94	85.29	5.98	64.88	1.04	10.12	0.01		3.26
2015	4.21	88.89	12.20	59.87	0.73	12.33	0.17	0.02	3.57
2016	9.56	97.38	7.90	49.73	15.98	5.88	1.62	0.22	16.05
2017	-44.37	54.17	14.29	20.58	7.12	4.34	0.06	0.04	7.74
2018	84.79	100.09	15.29	51.03	10.18	5.17	0.20	0.18	18.04
2019	103.10	203.30	16.74	63.04	43.02	6.50	10.56	4.08	59.36
2020	-11.89	178.92	116.09	20.95	9.80	3.74	7.62	5.66	15.06
2021	-74.72	37.63	8.11	8.46	12.43	2.35	0.93	0.74	4.61

注：表中气象灾害是除风灾以外的其他气象灾害（以下同）。

从受灾出险面积的结构上看，2013—2021年，全区森林保险受灾出险主要发生在商品林，占森林保险受灾出险比例均超过80%。2021年公益林受灾出险面积2.62万亩，占全区森林保险受灾出险面积的5.79%，较 2020 年下降 12.42%；商品林受灾出险面积 42.66 万亩，占 94.21%，较 2020 年增加 12.42%（图 2-26）。

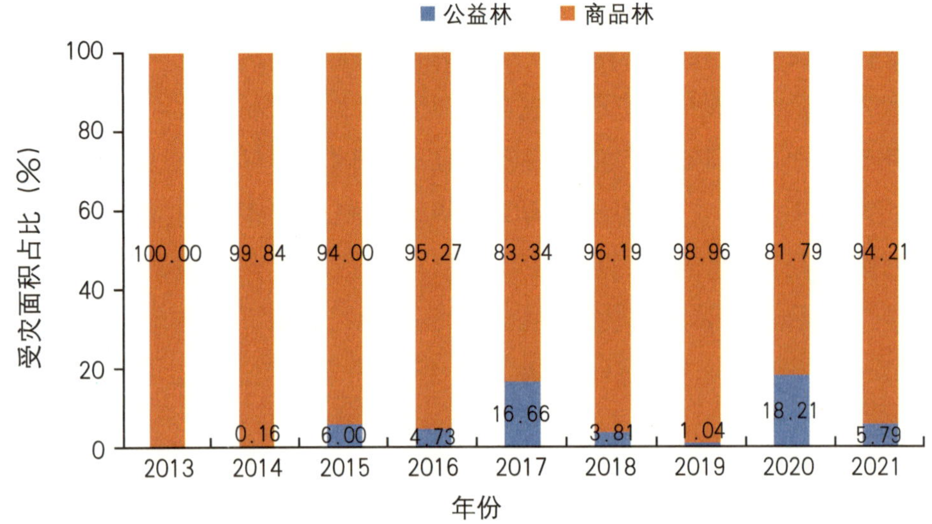

图 2-26　2013—2021 年度森林保险受灾出险面积结构及变化情况

2021 年，全区森林保险承保森林有 6 类灾害类型出险面积同比均出现下降，降幅最大是森林火灾，下降 93.01%；其次是水文灾害下降 87.68%；第三是地质灾害下降 86.99%。气象灾害（不包括风灾）增长 26.88%（图 2-27）。

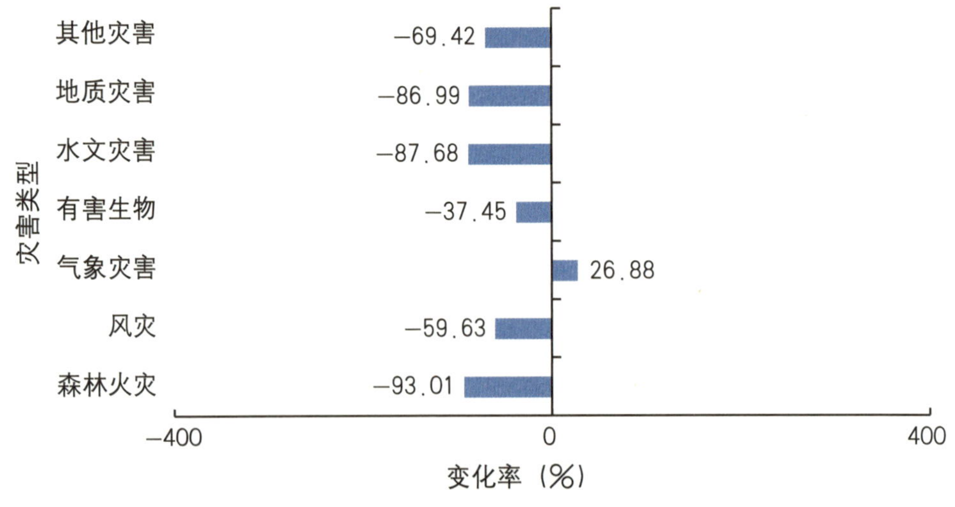

2-27　2021 年森林保险各类灾害出险面积变化情况

2021年，从各市受灾出险的情况来看，受灾出险面积最大的是柳州市，各类灾害面积13.71万亩，气象灾害是该市的主要灾害类型；其次是河池市，受灾出险面积4.76万亩，主要灾害类型是风灾；排在第三位的是南宁市，受灾出险面积3.42万亩，主要灾害类型为森林火灾。从各市灾害面积变化率来看，受灾出险面积较2020年增长的有来宾市、南宁市和钦州市，分别增长162.92%、79.11%和48.89%；其余10个市受灾出险面积均是下降的，降幅最大的3个市分别是北海市、防城港市和崇左市，分别下降99.09%、94.47%和93.13%（表2-17）。

表2-17 2021年各市森林保险公益林和商品林受灾出险情况

单位：万亩、%

市	变化率	合计	森林火灾	风灾	气象灾害	有害生物	水文灾害	地质灾害	其他灾害
总计	-78.96	37.65	8.10	8.47	12.45	2.34	0.94	0.74	4.61
南宁市	79.11	3.42	2.02	0.62	0.26	0.31		0.12	0.09
柳州市	-82.87	13.71	0.54	0.82	10.28	0.08	0.59	0.50	0.90
桂林市	-83.43	3.21	1.65	0.25	0.38	0.06		0.04	0.83
梧州市	-87.17	2.53	1.77	0.13	0.01	0.22			0.40
北海市	-99.09	0.02		0.02					
防城港市	-94.47	0.07		0.02	0.05				
钦州市	48.89	1.66	0.29	0.98	0.08	0.22	0.01		0.08
贵港市	-70.56	1.64	0.48	0.26	0.09	0.48			0.33
玉林市	-68.89	1.05	0.02	1.02	0.01				
百色市	-1.39	2.66	0.29	1.05	0.42	0.51	0.04	0.08	0.27
贺州市	-82.18	1.48		0.18	0.28				1.02
河池市	-80.65	4.76	0.91	2.58	0.34	0.19	0.30		0.44
来宾市	162.92	0.86	0.04	0.28	0.13	0.25			0.16
崇左市	-93.13	0.58	0.09	0.26	0.12	0.02			0.09

二、公益林受灾出险面积

2013—2021年，公益林保险受灾出险面积变化率波动比较大，2015年受灾出险面积5.34万亩，较2014年增长3714.29%；2016—2019年受灾出险面积在 10 万亩以下波动，2020 年达到历年最高 32.61 万亩；2021 年公益林受灾出险面 2.64 万亩，占全区森林保险灾害出险面积的 1.48%，较 2020 年下降 91.97%（表 2-18）。

表 2-18　2013—2021 年森林保险公益林受灾出险情况

单位：万亩、%

年份	变化率	合计	森林火灾	风灾	气象灾害	有害生物	水文灾害	地质灾害	其他灾害
2013									
2014		0.14	0.10	0.04					
2015	3714.29	5.34	1.90	2.14	0.34	0.95			0.01
2016	-13.67	4.61	1.62	0.44	0.40	2.03			0.12
2017	95.88	9.03	7.34	0.04	0.54	0.79			0.32
2018	-57.81	3.81	1.11	0.10	0.04	0.99	0.01		1.56
2019	-44.62	2.11	1.12	0.15	0.46	0.08		0.02	0.28
2020	1445.50	32.61	24.08	0.83	0.13	1.83	0.69	4.69	0.36
2021	-91.97	2.64	0.19	0.03	0.08	0.48	0.50		1.36

2021 年，公益林有 6 种灾害类型出险面积同比均出现下降，降幅最大的是地质灾害，下降 100%；其次是森林火灾下降 99.20%；第三是风灾下降 96.95%。其他灾害增长 274.00%（图 2-28）。

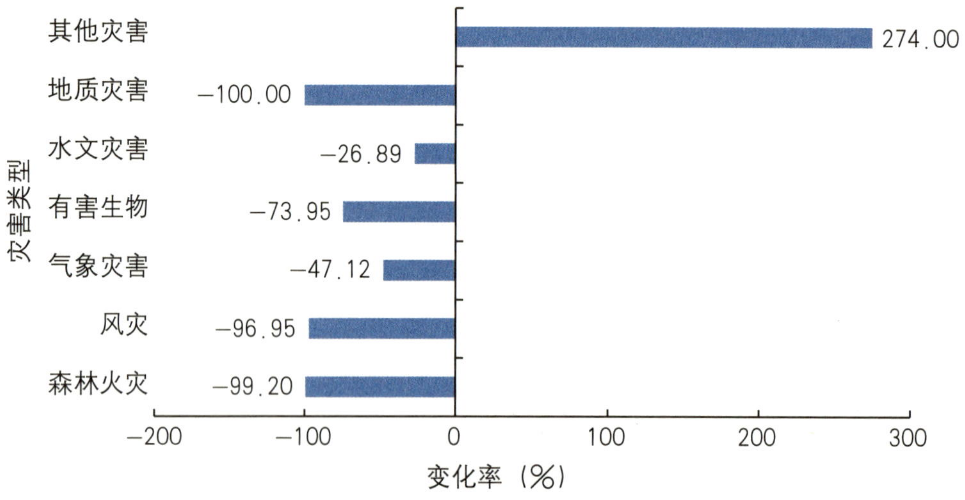

2-28　2021 年公益林保险各类灾害出险面积变化情况

表 2-19 2021 年各市森林保险公益林受灾出险情况

单位：万亩、%

各市	变化率	合计	森林火灾	风灾	气象灾害	有害生物	水文灾害	地质灾害	其他灾害
总计	-91.97	2.64	0.19	0.03	0.08	0.48	0.50		1.36
南宁市	-100.00								
柳州市	-24.64	1.03		0.02	0.01		0.50		0.50
桂林市	-91.81	0.91	0.06		0.07				0.78
梧州市	25.37	0.27				0.22			0.05
北海市									
防城港市	-100.00								
钦州市									
贵港市									
玉林市	-98.99	0.01	0.01						
百色市	239.48	0.14	0.12						0.02
贺州市		0.02		0.01					0.01
河池市	-99.96	0.01				0.01			
来宾市		0.25				0.25			
崇左市	-100.00								

2021 年，从各市公益林受灾出险情况看，面积排在前 3 位的分别是：柳州市 1.03 万亩；桂林市 0.91 万亩；梧州市 0.27 万亩。从各市公益林受灾出险面积变化率来看，受灾出险面积较 2020 年增长有百色市和梧州市，分别增长 239.48% 和 25.73%；受灾出险面积 100% 下降的有南宁市、防城港市和崇左市；受灾出险面积下降 90% 以上有河池市、玉林市和桂林市；柳州市下降 24.64%；无变化有北海市、钦州市和贵港市。来宾市和贺州市 2020 年受灾出险面积从 0 分别增加至 0.25 万亩和 0.02 万亩（表 2-19）。

三、商品林受灾出险面积

2013—2021 年全区商品林各类受灾出险面积整体是上升的，从 2.29 万亩增加到 35.01 万亩，增长 15 倍。受灾出险面积在 2015 年下降 1.88%；2017 年下降 51.34%；2020 年下降 27.28% 及 2021 年下降 76.07%。

风灾是商品林的主要灾害，受 2014 年超强台风“威马逊”、2015 年强台风“彩虹”、2016 年强热带风暴“莎莉嘉”和 2018 年台风“山竹”等台风的影响，风灾面积在该年度占出险面积比例超过一半。

2021 年商品林受灾出险面 35.03 万亩，较 2020 年减少 111.28 万亩，同比下降 76.07%（表 2-20）。

表 2-20　2013—2021 年森林保险商品林受灾出险情况

单位：万亩、%

年份	变化率	合计	森林火灾	风灾	气象灾害	有害生物	水文灾害	地质灾害	其他灾害
2013		2.29	0.69	1.60					
2014	3618.34	85.15	5.88	64.84	1.04	10.12	0.01		3.26
2015	-1.88	83.55	10.30	57.73	0.39	11.38	0.17	0.02	3.56
2016	11.04	92.77	6.28	49.29	15.58	3.85	1.62	0.22	15.93
2017	-51.34	45.14	6.95	20.54	6.58	3.55	0.06	0.04	7.42
2018	113.29	96.28	14.18	50.93	10.14	4.18	0.19	0.18	16.48
2019	108.96	201.19	15.62	62.89	42.56	6.42	10.56	4.06	59.08
2020	-27.28	146.31	92.01	20.12	9.67	1.91	6.93	0.97	14.70
2021	-76.07	35.03	7.91	8.44	12.38	1.86	0.43	0.74	3.27

2021 年，商品林 6 种灾害类型出险面积同比均出现下降，降幅最大的是水文灾害，下降 93.73%；其次是森林火灾下降 91.39%；第三是其他灾害下降 77.85%。气象灾害增长 27.29%（图 2-29）。

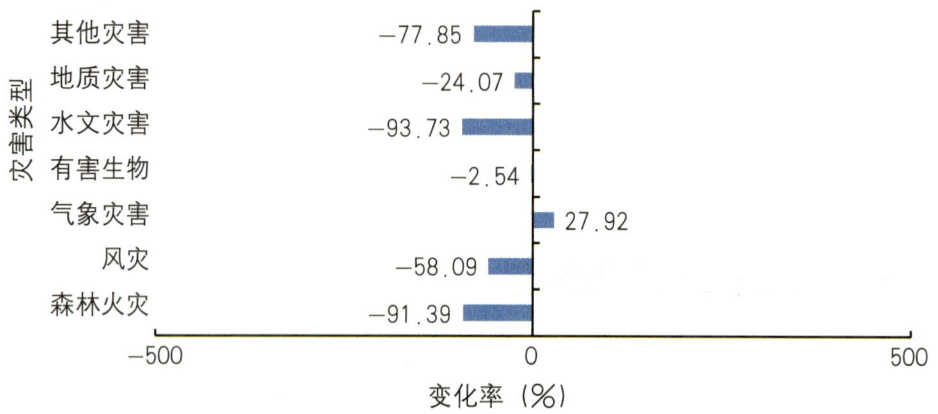

2-29　2021 年商品林保险各类灾害出险面积变化情况

2021 年，从各市商品林受灾出险情况看，面积排在前 3 位分别是：柳州市 12.67 万亩；河池市 4.75 万亩；南宁市 3.42 万亩。从各市商品林受灾出险面积变化率来看，受灾出险面积较 2020 年增长的有来宾市、南宁市和钦州市，分别增长 86.49%、80.59% 和 48.89%。其余 10 个市同比均出现下降，降幅 80% 以上有：北海市、崇左市、梧州市、柳州市和贺州市下降，分别下降 99.09%、93.06%、88.42%、83.89% 和 82.30%；降幅在 80% 以下的有桂林市、贵港市、玉林市、河池市和百色市，降幅分别为 72.01%、70.56%、65.44%、12.87% 和 4.79%（表 2-21）。

表 2-21 2021 年各市商品林受灾出险情况

单位：万亩、%

各市	变化率	合计	森林火灾	风灾	气象灾害	有害生物	水文灾害	地质灾害	其他灾害
总计	-76.06	35.03	7.91	8.44	12.38	1.86	0.43	0.74	3.27
南宁市	80.59	3.42	2.02	0.62	0.26	0.31		0.12	0.09
柳州市	-83.89	12.67	0.54	0.80	10.27	0.08	0.08	0.50	0.40
桂林市	-72.01	2.31	1.59	0.25	0.32	0.06		0.04	0.05
梧州市	-88.42	2.26	1.77	0.13	0.01				0.35
北海市	-99.09	0.02		0.02					
防城港市	-94.40	0.07		0.02	0.05				
钦州市	48.89	1.66	0.29	0.98	0.08	0.22	0.01		0.08
贵港市	-70.56	1.64	0.48	0.26	0.09	0.48			0.33
玉林市	-62.44	1.04	0.01	1.02	0.01				
百色市	-4.79	2.53	0.17	1.05	0.42	0.51	0.04	0.08	0.26
贺州市	-82.30	1.47		0.17	0.28				1.02
河池市	-12.87	4.75	0.91	2.58	0.34	0.18	0.30		0.44
来宾市	86.49	0.61	0.04	0.28	0.13				0.16
崇左市	-93.06	0.58	0.09	0.26	0.12	0.02			0.09

四、种苗保险受灾出险面积

2021 年，种苗保险无受灾出险情况。2018—2020 年种苗受灾出险面积略有波动，2019 年受灾出险面积较 2018 年下降 79.24%，2020 年较 2019 年增加 2878.14%，增加到 89.66 亩。种苗保险受灾出险类型较为单一，主要包括气象灾害、水文灾害和其他灾害等（表 2-22）。

表 2-22　2018—2021 年种苗保险受灾出险情况

单位：万亩、%

年份	变化率	合计	森林火灾	风灾	气象灾害	有害生物	水文灾害	地质灾害	其他灾害
2018		14.50							14.50
2019	-79.24	3.01		0.01	1.00		2.00		
2020	2878.14	89.66			75.12		5.10		9.44
2021	-100.00								

五、油茶收入保险出险情况

2021 年，油茶收入保险受灾出险面积 7505.48 亩，其中：油茶收入保险达不到承保约定单产量 736.2 亩、达不到单价格 5002.40 亩以及产量和价格组合均达不到约定的 1766.88 亩（表 2-23）。

表 2-23　2021 年油茶收入保险出险情况

单位：亩

出险面积	单产量	单价格	产量 + 价格
7505.48	736.20	5002.40	1766.88

第六节　保险赔付

2021 年，广西森林保险总体赔付水平有所降低。商品林的赔付率远高于公益林。

一、总体赔付水平

2013—2021 年，森林保险赔付金额总体呈下降趋势，2014 年最高 1.27 亿元降低到 2021 年 0.29 亿元，简单赔付率总体下降。自 2013 年以来，森林保险总体赔付率在波动中下降，2021 年达到最低值，为 13.44%（表 2-24）。赔付金额和赔付率下降与灾害发生情况密切相关。根据广西壮族自治区林业局数据，2021 年全区林业有害生物发生面积较 2020 年下降 7.74%；2021 年全区共发生森林火灾 97 起，同比下降 52.90%，受灾出险森林面积7340亩，同比下降37.80%。得益于全区推行“林长制”、落实防火责任制及健全森林防火考评体系和加强有害生物日常监测及重大林业有害生物防控工作等，主要林业各类灾害发生面积下降，森林保险赔付额和赔付率均下降。

2021年，全区森林保险完成理赔829起，总赔付0.29亿元，较2020年减少0.23亿元，森林保险简单赔付率为13.44%，较2020年降低9.34%。

表2-24 2013—2021年全区森林保险赔付情况

年份	保费（亿元）	赔付金额（亿元）	简单赔付率（%）
合计	16.92	5.96	35.14
2013	0.49	0.04	7.71
2014	1.16	1.27	109.29
2015	1.50	0.92	61.10
2016	2.02	0.82	40.74
2017	2.40	0.51	21.07
2018	2.78	0.71	25.48
2019	2.08	0.87	41.56
2020	2.31	0.53	22.78
2021	2.18	0.29	13.44

从赔付金额结构上来看，2021年，公益林保险赔付金额在森林保险赔付中的比例为3.14%，较2020年下降5.51%；商品林保险赔付金额在森林保险赔付中的比例为90.02%，同比增加2.38%；种苗保险从2018年承保以来，赔付金额持续增长，2020年占森林保险赔付中的3.71%，2021年占森林保险体赔付率降为零；油茶收入保险自2020年开展以来，2021年赔付率占森林保险体赔付率的6.84%（图2-30）。

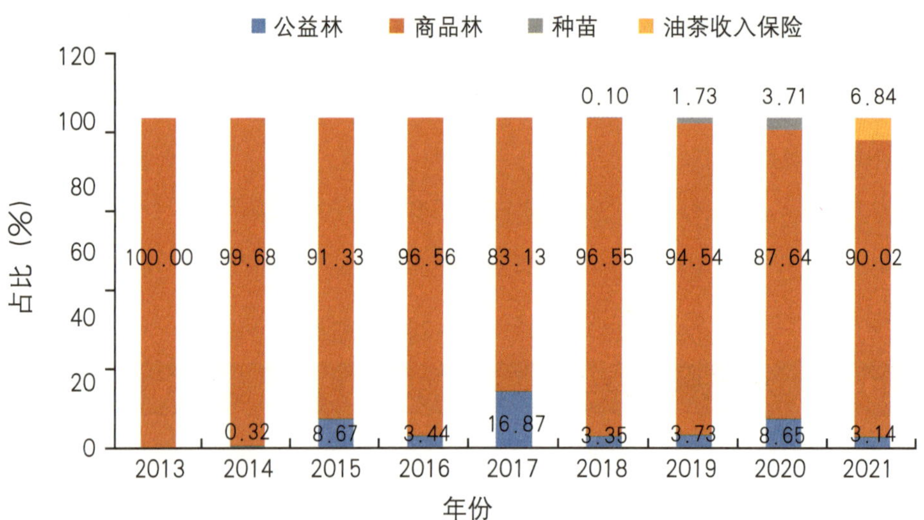

图 2-30　2013—2021 年全区森林保险赔付金额构成及其变化情况

二、公益林和商品林保险赔付

2013—2021 年全区公益林和商品林保险赔付率差距逐渐缩小。2014 年公益林赔付率为 0.60%，历年最低，2015 年公益林赔付率最高，为 9.64%，其余年份赔付率在 5% 上下波动；商品林赔付率在 2014 年达 261.73%，2015 年降到 123.90%，之后逐年波动中递减，但一直高于公益林 17% 以上（图 2-31）。

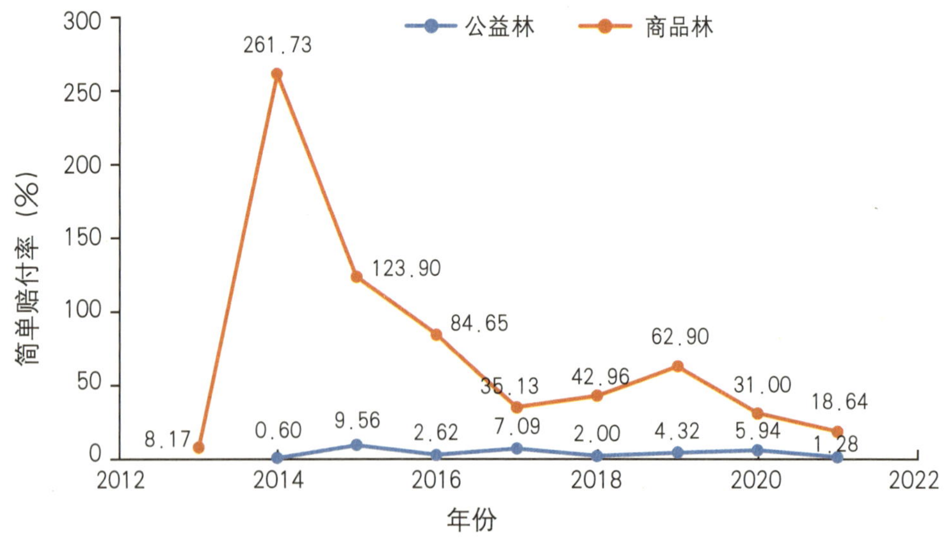

图 2-31　2013—2021 年全国公益林和商品林赔付率变化情况

2021 年，公益林完成理赔 26 起，理赔面积 2.62 万亩，赔付 92 万元，简单赔付率为 1.28%，较 2020 年减少 4.69%。商品林完成理赔 796 起，理赔面积 42.66 万亩，赔付 2638 万元，简单赔付率为 18.65%，较 2020 年减少 12.34%。

从各地区和单位的情况来看，2021 年，全区开展商品林保险的 14 个市中，有 13 市的商品林保险赔付率高于公益林赔付率，其中，来宾市商品林和公益林赔付率差距最大，商品林赔付率超出公益林赔付率 124.13%，其次是贵港市超出 117.40%；梧州市商品林赔付率低于公益林低于 5.88%（图 2-32）。

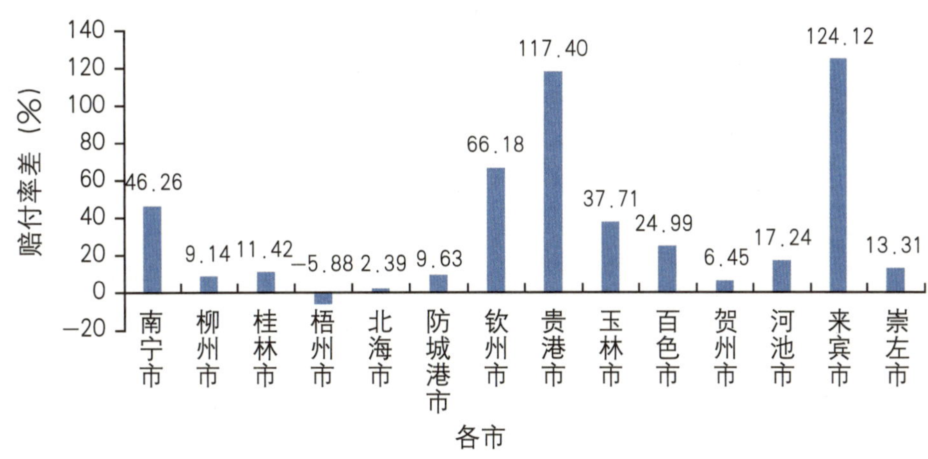

图 2-32　2021 年全区商品林与公益林赔付率之差

三、种苗保险和油茶收入保险赔付

种苗保险自 2018 年开展以来，简单赔付率逐年增加，2021 年没有赔付；油茶收入保险仅开展两年，2021 年简单赔付率达 97.71%（表 2-25）。

表 2-25　2013—2021 年全区森林保险面积变化情况

类别 年份	种苗保险		油茶收入保险	
	赔付金额（万元）	赔付率（%）	赔付金额（万元）	赔付率（%）
2018	7	17.20		
2019	150	42.01		
2020	195	43.85		
2021	0	0.00	200	97.71

四、各市赔付率

从各市的赔付率情况来看，2021 年森林保险体赔付率最高的是贵港市，赔付率 90.70%；其次是钦州市赔付率 64.13%、玉林市赔付率 42.59 来宾市赔付率 32.19%，其他地区和单位森林保险赔付率均不到 20%（表 2-26）。

表 2-26　2021 年森林保险赔付率情况

赔付率分组	整体	公益林	商品林
赔付率≥100%	无	无	贵港市、来宾市
60%≤赔付率＜100%	贵港市、钦州市	无	钦州市
40%≤赔付率＜60%	无	无	南宁市、玉林市
20%≤赔付率＜40%	玉林市、来宾市	无	百色市
0＜赔付率＜20%	南宁市、百色市、柳州市、桂林市、河池市、贺州市、崇左市、防城港市、北海市、梧州市	梧州市、玉林市、柳州市、百色市、来宾市、贺州市、桂林市、河池市	河池市、柳州市、崇左市、桂林市、防城港市、贺州市、北海市、梧州市
0	无	南宁市、北海市、防城港市、钦州市、贵港市、崇左市	无

2021 年，全区 14 个市森林保险赔付率中，有 6 个市的简单赔付率高于全区平均赔付率（12.69%），排在前 3 位的是贵港市、钦州市和玉林市，赔付率分别为 90.70%、64.13% 和 42.59%。最低的是梧州市，森林保险体赔付率 1.71%（图 2-33）。

2021 年，全区公益林承保 14 个市中，有 7 个市公益林简单赔付率高于全区平均值(1.28%)，赔付率最高的是梧州市 7.17%。北海市、贵港市、防城港市、钦州市、南宁市和崇左市均未发生赔付（图 2-34）。

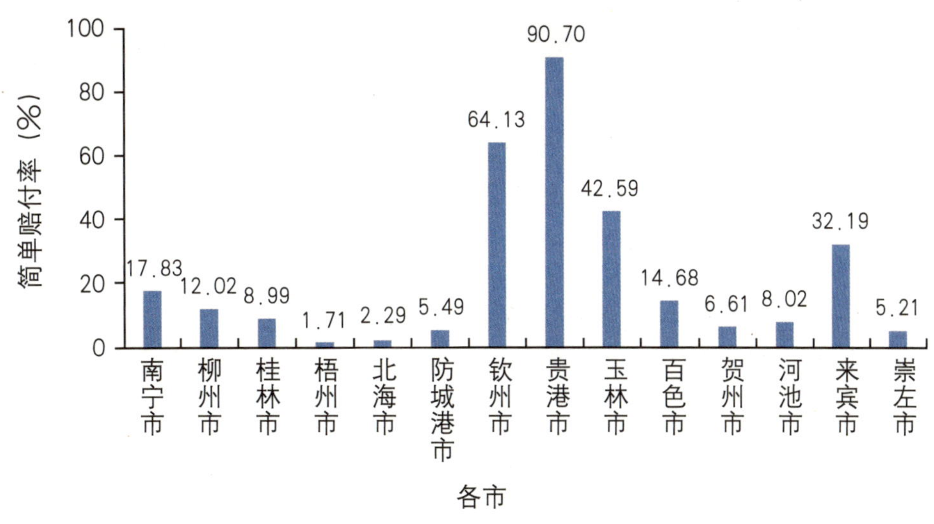

图 2-33　2021 年各市森林保险简单赔付率

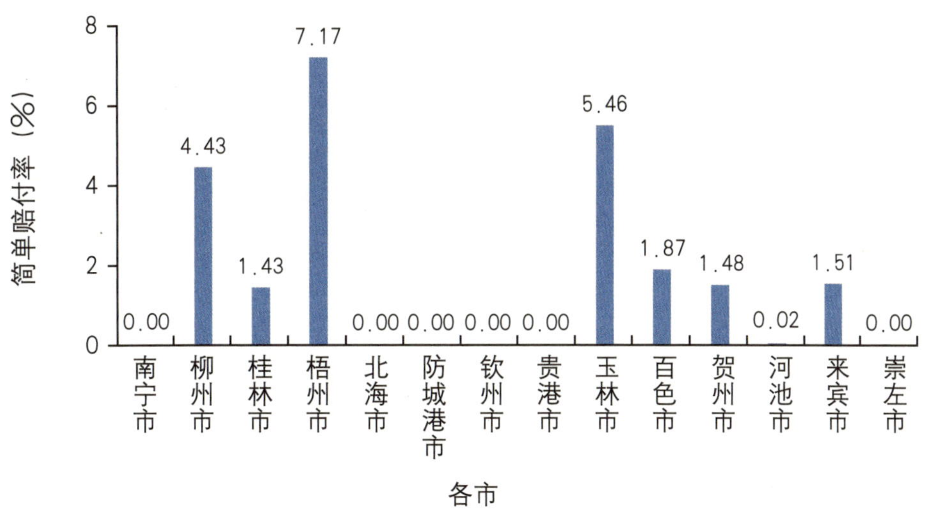

图 2-34　2021 年各市公益林保险简单赔付率

2021 年，全区商品林保险平均赔付率为 18.64%，共有 6 个市的赔付率高于平均值。商品林赔付率最高的是来宾市 125.64%，其次为贵港市 117.40%、钦州市 66.18%、南宁市 46.26%、玉林市 45.33% 和百色市 26.86%。其余市商品林赔付率均低于 20%（图 2-35）。

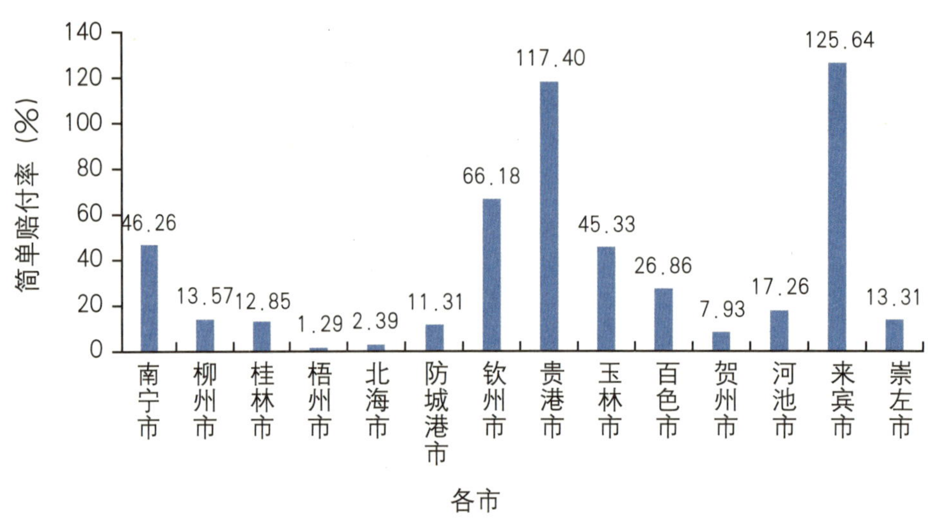

图 2-35　2021 年各市商品林保险简单赔付率

第七节　防灾减灾

防灾减损是森林保险承保过程中预防及减少自然灾害或意外事故对林木标的造成损失的重要举措。根据各保险机构可统计数据，2013—2016 年期间，防灾减灾资金投入较低，年度投入低于 4 万元，2017 年防灾减灾资金投入快速增长，2020 年达到历年最高值 344.98 万元，2021 年全区防灾减灾资金投入 57.66 万元，较 2020 年减少 288.21 万元，降幅 83.54%（图 2-36）。

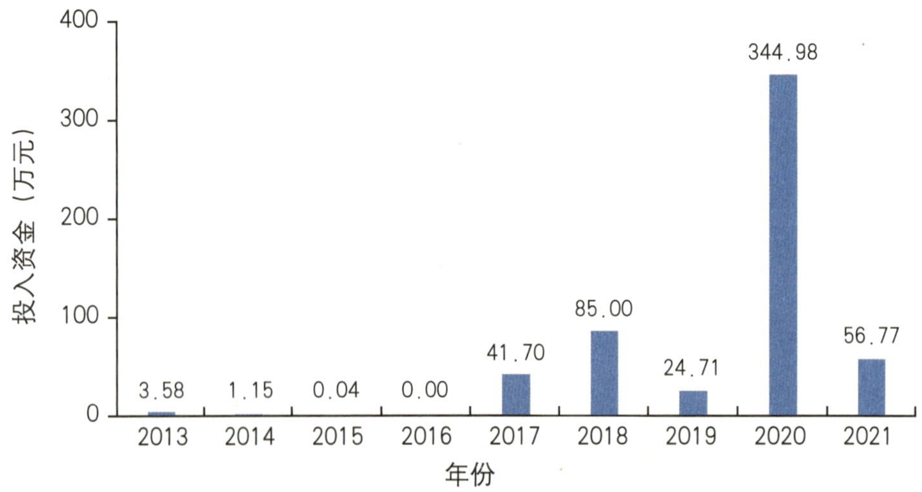

图 2-36　2013—2021 年度森林保险承保公司防灾减灾费用投入情况

近十年来，防灾减灾费用投入主要用于包括购置防灾防损物资、修缮设施设备、组织宣传培训、建设区域性管护队伍、自治区林业局防灾专题宣传以及森林防火指挥中心信息系统设备采购费等。

第三章 市场建设

广西森林保险市场经过近 10 年的建设，保险规模位于全国前列。目前，全区从事森林保险业务的保险机构数量相对稳定，市场集中程度较高，各保险机构占据不同的市场优势。2021 年，各市森林保险机构持续推进产品创新、技术应用创新和服务创新。在油茶收入保险、林木种苗保险、中草药种植保险、坚果树及果实种植保险、古树名木保护救治保险、林业碳汇指数保险等方面做出有效探索，卫星遥感、无人机等技术在森林保险防灾减灾和查勘理赔方面的应用更加广泛，保险机构服务质量得到有效提升。

第一节 市场需求

2021 年，全区森林保险承保面积为 1.31 亿亩，其中公益林承保面积为 7178 万亩，商品林承保面积为 5942 万亩。从需求端来看，全区森林面积 2.16 亿亩，整体承保率仅 60.76%，商品林承保率仅为 43.88%，森林保险潜力尚未充分挖掘，仍然存在广阔的发展前景。随着全区森林保险高质量发展的推进，森林保险从覆盖物化成本逐渐转向收入保险，这将极大释放市场潜能。商品林保险的承保率相对较低，随着新型林业经营主体的扩大，特色经济林、林下经济、森林旅游和森林康养等新兴林业产业发展，将逐渐释放新型林业经营主体的风险管理需求。草原目前尚未开发出成熟的保险产品，随着草原生态系统建设，将是重要的潜在市场。此外，针对生物多样性、野生动物致害、城市林业等的保险产品也有待进一步开发。随着全球变暖，极端气候事件数量增多，给森林带来更加严重的威胁，风险管控的需求不断加大。

一、生态文明成为重要关注点

（一）生态文明建设得到高度重视

以习近平新时代中国特色社会主义思想为指导，深入学习贯彻党的十九大精神，高度重视生态文明建设，践行“绿水青山就是金山银山”理念。2020 年，我国提出力争于 2030 年前达到碳排放峰值，努力争取 2060 年前实现碳中和的“双碳”目标。广西林业草原“十四五”规划提出，坚持生态优先、绿色发展，建立生态产业化、产业生态化的现代化林业草原生态经济体系，筑牢绿色发展根基。森林、草原、湿地都是生态系统中的重要环节，是实现“双碳”目标的重要抓手。然而，森林、草原和湿地仍面临诸多风险，保险作为一种风险管理方法，可以有效降低森林、草原、湿地所面临的风险损失，并且在发生灾害之后投保人可以得到经济补偿进行恢复，因而发展森林保险对于生态文明建设具有重要意义。全区大多数公益林都已经投保森林保险，商品林承保率相对较低，随着生态文明建设的深入，商品林保险的需求将大大增加，因此，森林保险仍具有广阔的发展空间。

（二）国土绿化成效显著

国土绿化事业作为维护国土生态安全、建设生态文明和壮美广西的重要抓手，按照党中央、国务院的战略部署，全区国土绿化美化水平持续提升、位居全国前列。“山清水秀生态美”已成为广西的金字招牌、最大优势和核心竞争力。自 2016 年以来，全区历年完成造林面积均超过 300 万亩（图 3-1）。全国重要生态系统保护和修复重大工程总体规划、国家储备林建设工程等的实施，有效增加全区的森林面积，为森林保险发展持续带来新需求。

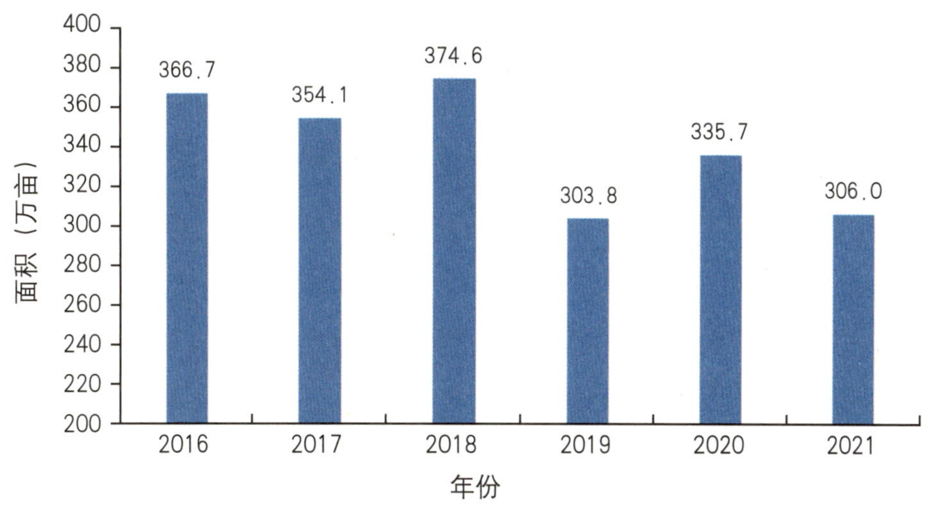

图 3-1　2016—2021 年广西造林完成情况

（三）草原保险需求强烈

广西壮族自治区统计局发布的第三次全国国土调查数据显示，全区草地414.30万亩，其中天然牧草地5.66万亩，人工牧草地和其他草地0.70万亩，其他草地407.94万亩。近年来，广西草原生态系统出现退化的现象，草原迫切需要保护修复，保险可为草原保护修复提供必要的保障，因此草原保险发展的潜力较大。目前，全区草原保险还处于空白阶段，开发草原保险将成为拓宽森林保险覆盖面重要一环。

（四）湿地保护修复得到重视

湿地被誉为“地球之肾”，与森林、海洋并称为全球三大生态系统。在生态文明建设的新时期，湿地资源的保护和利用是重要工作内容。全区湿地面积有1131.45万亩，设立24处国家湿地公园，公布34处自治区重要湿地。但是，全区湿地面临面积减少、功能有所减退、受威胁压力持续增大、保护空缺较多等问题。近年来，国家高度重视湿地保护修复工作，实施了一批湿地保护修复工程，扎实推进红树林保护修复专项行动。广西林业草原“十四五”规划提出，全区将持续推进湿地保护和修复重点工程、红树林保护修复工程建设。然而，目前尚未对湿地开展保险业务，这是一个巨大的潜在市场。

（五）野生动物致害引发关注

随着人口增长和城市扩张，人类与野生动物活动范围和资源需求的重叠日益增加，野生动物致害问题已给人民群众的生产、生活带来了巨大的损失。我国《野生动物保护法》第14条规定，“因保护国家和地方重点保护野生动物，造成农作物或者其他损失的，由当地政府给予补偿。补偿办法由省、自治区、直辖市政府制定”。然而，在具体的补偿实践中却无法可依，甚至找不到确定的补偿主体和补偿依据，补偿方式过于单一，补偿标准低，受害人的利益得不到及时合理的维护。探索野生动物致害保险业务，将成为全区解决野生动物致害补偿的重要方法。

（六）国家储备林建设大力推进

自2012年以来，全区累计利用各类投资超过120亿元，建设及划定国家储备林超过1000万亩，项目实施取得了良好的生态、经济和社会效益。《广西加快推进国家储备林高质量发展十条措施》中提出力争到2025

年全区国家储备林贷款余额达到1000亿元，新建国家储备林1000万亩，并推动林业产业链发展，将广西打造成为全国最大的国家储备林核心基地，切实维护生态安全和国家木材战略安全。国家储备林拥有广阔发展空间，大力推进国家储备林建设的同时应做好风险管控，健全风险防控机制。国家储备林保险得到自治区林业局的重视和支持，国家储备林项目将全面纳入政策性森林保险范围实行无赔款优待政策，不断提高保险金额，降低保险费率，减少建设主体的融资成本。

（七）城市林业发展进程明显

随着我国对生态文明建设的高度重视，城市的林业化发展进程取得了明显的进步，由于科学技术水平的提升，城市林业发展迎来了黄金时期。广西森林城市建设扎实推进，10个设区市成功创建"国家森林城市"，771个单位成功创建广西森林城市系列称号，荣获一批"全国绿化模范县""国家森林乡村""国家美丽乡村"。全区城市人均公园绿地面积达12.9平方米。城市林业化建设的推进，明显改善了城市的环境，有效提高了城市中居民的生活质量，对人们的身体健康起到了保障作用。城市林业发展为森林保险提供了新的需求。

二、林业产业实现重大赶超

广西林业产业快速发展，林业产业结构不断优化，林下经济、生态旅游、特色经济林和森林康养等产业发展迅猛，逐渐形成林业规模化经营，对森林保险的需求增加。

（一）林业产业快速发展

经过多年发展，林业已成为全区绿色经济发展的重要引擎，林业在乡村振兴、富民兴桂中发挥了重要作用，全区林业总产值从2016年的4777亿元增加到2021年的8487亿元，年均增长12.18%，居全国第2位（图3-2）。尤其是以约占全国5%的林地，生产出了占全国近一半的木材，2021年全区木材产量3900万立方米，稳居全国第1位。

林下经济成为全国排头兵，林业生态旅游成为全国标杆，均晋升为千亿元产业，成为拉动林业产业增长的突出亮点。林下经济规模和产值自2011年以来连续11年位居全国前列，2021年广西林下经济面积发展

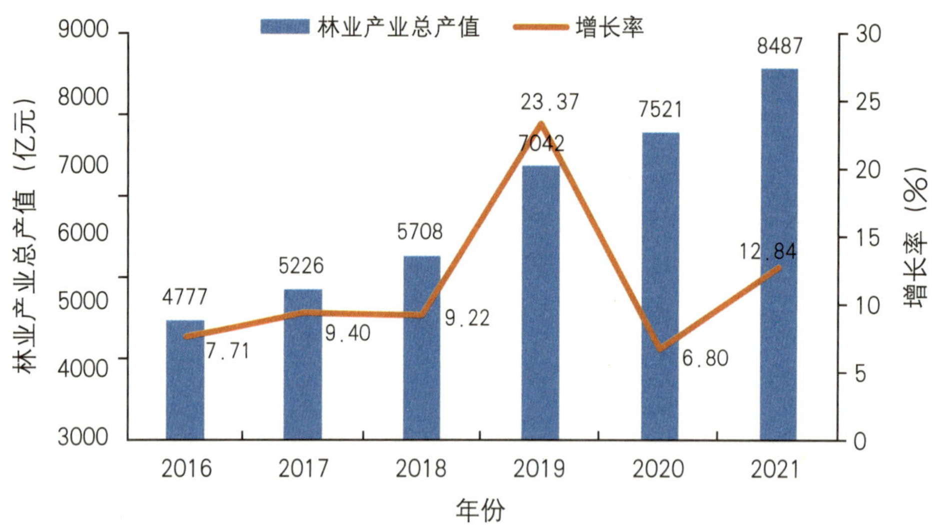

图 3-2　2016—2021 年广西林业产业总产值及其增长率

至 6924 万亩，林下经济年产值达到 1263 亿元。2021 年全区林业生态旅游和森林康养年接待游客量约 1.45 亿人次，总消费额超 1300 亿元，占全区文旅产业总收入的 20% 以上。

随着林业产业的发展，特别是特色经济林、林下经济、森林旅游及森林康养等林业高附加值产业的快速发展，这些新兴产业的经营主体往往具有更强的风险管理意识，也具有更强的保险购买能力，给森林保险发展带来重要机遇。

（二）规模化经营主体逐渐形成

广西的国有林场改革任务已全面完成，纳入改革范畴的 175 个国有林场优化整合为 145 家，形成一批经营规模较大的林业经营主体。国有林场改革后总资产增长 36.2%，国家评定国有林场改革成果为优秀等次。商品林保险覆盖率低的一个重要原因就是林农投保意愿不足，导致森林保险潜力无法挖掘。在集体林权制度改革后，普通林农经营规模普遍偏小，林业经营收入占家庭收入比例低，林农没有足够动力经营林业，投保意愿严重不足。随着林业经营主体的经营规模扩大，可以有效提升经营主体的投保意愿。

三、林业生产经营风险依然存在

全球变暖依然在持续恶化，广西高温、干旱、寒冷和潮湿等极端天气事件频发。近年来，广西曾经历过数次巨灾侵袭，比如“彩虹”“威马逊”等台风，给林业生产经营造成极大的损失。重大的气象灾害会给林业生产安全带来严重的威胁，造成直接的经济损失，林业生产经营主体将寻求更丰富和有效的风险管理途径，森林保险在降低气象灾害带来的风险中扮演着重要的角色。

第二节　市场供给

2021 年，全区森林保险市场有 7 家保险机构参与森林保险业务经营，市场供给主体数量与 2020 年相比增加了 3 家。2021 年全区森林保险市场集中程度仍处于较高水平，各保险机构占据不同的市场优势。

一、供给主体

2021 年，全区有人保财险、太平洋产险、北部湾保险、国寿财险、平安产险、中华财险、大地产险共 7 家保险机构，通过独立经营或者参与共保体的方式开展森林保险业务（表 3-1）。

表 3-1　2013—2021 年全区森林保险承保主体

年份	承保主体	数量	数量变化
2013	人保财险、太平洋产险	2	
2014	人保财险、太平洋产险、北部湾保险	3	新增北部湾保险
2015	人保财险、太平洋产险、北部湾保险	3	
2016	人保财险、太平洋产险、北部湾保险	3	
2017	人保财险、太平洋产险、北部湾保险	3	
2018	人保财险、太平洋产险、北部湾保险、国寿财险	4	新增国寿财险
2019	人保财险、太平洋产险、北部湾保险、国寿财险	4	
2020	人保财险、太平洋产险、北部湾保险、国寿财险	4	
2021	人保财险、太平洋产险、北部湾保险、国寿财险、平安产险、中华财险、大地产险	7	新增平安产险、中华财险、大地产险

2013—2021 年，全区森林保险机构从 2 家增加为 7 家，2021 年与 2020 年相比，森林保险机构数量增加 3 家，分别为平安产险、中华财险、大地产险。

2021 年，平安产险参与了南宁市、柳州市、桂林市、梧州市、玉林市、百色市、贺州市、河池市、来宾市、崇左市 10 个市的森林保险业务，承保面积 247.23 万亩；中华财险参与了柳州市、桂林市 2 个市的森林保险业务，承保面积 40.13 万亩；大地产险参与了南宁市、柳州市、桂林市、梧州市、贵港市、百色市、贺州市、河池市、崇左市 9 个市的森林保险业务，承保面积 228.01 万亩。

二、市场组织

2021 年，全区森林保险机构仍然采用独立经营和参与共保体两种方式参与各市的森林保险业务，有 5 个市采用了共保体经营模式开展中央财政森林保险保费补贴保险业务，包括钦州市、北海市、防城港市、玉林市、梧州市。

（一）共保体经营状况

2020—2021 年，钦州市、北海市、防城港市、玉林市、梧州市 5 个市采用共保体的经营模式开展中央财政森林保险保费补贴保险业务（详见表 3-2）。其中，梧州市共保体为新增共保体，承保面积 550.66 万亩，承保率 43.05%；钦州市、北海市、防城港市、玉林市共保体承保面积 595.91 万亩，同比下降了 12.68%，承保率 22.45%。

表 3-2　2020—2021 年全区森林保险共保体状况

各　市	共保期限	主承保方及其份额	其他从保方及其份额
钦州市、北海市 防城港市、玉林市	2020.10.21— 2021.10.20	人保财险30%	太平洋产险25%、北部湾保险25%、国寿财险20%
梧州市	2020.05.01— 2021.12.31	北部湾保险43%	人保财险36.95%、太平洋产险14.18%、国寿财险5.87%

（二）共保体发展趋势

1. 共保体发展情况

2019 年，全区针对沿海台风灾害频发地区，保险机构赔付率过高，承保不积极等问题，对钦州、防城港、北海、玉林 4 个市的政策性森林保险采取以“客户第一、信誉第二、服务至上、风险共担、利益共享”共保模式，由北部湾保险、人保财险、太平洋产险、国寿财险 4 家保险机构成立共保体，共同承保钦州、防城港、北海、玉林 4 个市政策性森林保险相关业务，均衡各保险机构的风险和利益。2019 年共保体制度开始实行，由北部湾保险担任主承保方，人保财险、太平洋产险、国寿财险为从保方，共保期限为一年，即 2019 年 10 月 21 日至 2020 年 10 月 20 日。2019—2020 年，钦州市、防城港市、北海市、玉林市共保体承保面积 682.41 万亩，承保率 25.70%。

为提升梧州市政策性森林保险参保面积和险种覆盖，2020 年梧州市开始成立共保体，由北部湾保险担任主承保方，人保财险、太平洋产险、国寿财险为从保方，共保期限为 2020 年 5 月 1 日至 2021 年 12 月 31 日。2020—2021 年，梧州市共保体承保面积 550.66 万亩，承保率 43.05%。

2020 年 10 月 21 日，钦州市、北海市、防城港市、玉林市共保体制度继续推行，主承保方轮换为人保财险担任，北部湾保险、太平洋产险、国寿财险为从保方，共保期限为一年，即 2020 年 10 月 21 日至 2021 年 10 月 20 日。2020—2021 年，钦州市、防城港市、北海市、玉林市共保体承保面积 595.91 万亩，承保率 22.45%。

2. 共保体发展趋势

虽然全区实行了森林保险共保体制度，但仍有许多环节需要进一步完善：

一是进一步完善共保体制度的相关考核考评机制。从实施效果来看，实施共保后，钦州市、防城港市、北海市、玉林市的承保面积并没有大的提升，需要自治区林业局、银保监局、财政局等主管部门进一步明确承保任务和时间要求，充分调动保险机构主动性，切实提高高风险区森林保险覆盖面。

二是进一步优化共保体的运行模式。单纯的高风险区共保仍无法分散区域风险，探讨建立共保体与低风险区、其他险种联动机制，高风险承保任务搭配低风险承保任务，从制度上均衡高风险区域的承保风险。

三是进一步扩大共保区域。目前，只有钦州市、防城港市、北海市、玉林市 4 个市和梧州市成立共保体，承保率仅为 22.45% 和 43.05%。下一步共保体需从高风险区域逐步向中风险区域扩大，包括南宁市、贵港市、贺州市、来宾市、崇左市。此外，油茶收入保险、林木种苗等险种也可以考虑实施共保。

三、市场分布

（一）市场排名

从承保面积来看，2021 年，全区森林保险承保面积排名分别为人保财险、北部湾保险、太平洋产险、国寿财险、平安产险、大地产险、中华财险（表 3-3）。除平安产险、中华财险、大地产险 3 家为 2021 年新增保险机构外，人保财险、北部湾保险、太平洋产险、国寿财险 4 家保险机构排名与 2020 年一致，人保财险继续占据森林保险市场的优势地位。

2021 年前 4 名保险机构合计承保面积 1.26 亿亩，占全区承保面积 96.07%，与 2020 年占比相差不大。由此可见，全区森林保险市场继续保持比较高的市场集中度。

表 3-3　2021 年全区森林保险机构经营状况

保险机构	承保面积（万亩）		承保面积行业占比（%）		排　名	
	2020 年	2021 年	2020 年	2021 年	2020 年	2021 年
人保财险	5139.81	5128.31	36.57%	39.08%	1	1
太平洋产险	3023.72	2638.32	21.51%	20.10%	3	3
北部湾保险	4720.09	3739.10	33.58%	28.49%	2	2
国寿财险	1172.86	1102.39	8.34%	8.40%	4	4
平安产险		247.23		1.88%		5
中华财险		40.13		0.31%		7
大地产险		228.01		1.74%		6

（二）市场区域分布

根据森林保险机构的区域分布和在各市的市场优势情况，可以将各保险机构的市场分布分成以下 4 种类型（表 3-4）：

表 3-4　2021 年森林保险机构的市场分布

保险机构	市场份额			
	50%～100%	30%～50%	10%～30%	<10%
人保财险	贺州市	柳州市、桂林市、梧州市、北海市、钦州市、贵港市、玉林市、百色市、来宾市、崇左市	南宁市、防城港市、河池市	
太平洋产险		贵港市、河池市	南宁市、柳州市、桂林市、北海市、防城港市、钦州市、玉林市、贺州市、来宾市、崇左市	梧州市、百色市
北部湾保险		南宁市、柳州市、梧州市、防城港市、崇左市	桂林市、北海市、钦州市、贵港市、玉林市、百色市、河池市、来宾市	贺州市
国寿财险			南宁市、防城港市、百色市、来宾市	柳州市、桂林市、梧州市、北海市、钦州市、贵港市、玉林市、贺州市、河池市、崇左市
平安产险				南宁市、柳州市、桂林市、梧州市、玉林市、百色市、贺州市、河池市、来宾市、崇左市
大地产险				南宁市、柳州市、桂林市、梧州市、贵港市、百色市、贺州市、河池市、崇左市
中华财险				柳州市、桂林市

第一类是业务分布区域广，集中度高，且在许多地区占据优势地位或者重要地位。这种类型的典型代表为人保财险，其森林保险业务覆盖了14个市，其中，在贺州市的市场份额均高于50%，占据相对优势地位；在柳州市、桂林市、梧州市、北海市、钦州市、贵港市、玉林市、百色市、来宾市、崇左市10个市的市场份额均高于30%，具有重要影响地位；在南宁市、防城港市、河池市3个市的市场份额高于10%。

第二类是业务分布区域广，但是在多数地区市场份额不高，仅在少数地区具有重要影响。这种类型有太平洋产险、北部湾保险、国寿财险3家森林保险机构，森林保险业务均覆盖14个市。其中，太平洋产险在贵港市、河池市2个市的市场份额高于30%，具有重要影响地位；在南宁市、柳州市、桂林市、北海市、防城港市、钦州市、玉林市、贺州市、来宾市、崇左市10个市的市场份额高于10%；在梧州市、百色市2个市的市场份额小于10%。北部湾保险在南宁市、柳州市、梧州市、防城港市、崇左市5个市的市场份额高于30%，具有重要影响地位；在桂林市、北海市、钦州市、贵港市、玉林市、百色市、河池市、来宾市8个市的市场份额高于10%；在贺州市的市场份额小于10%。国寿财险在南宁市、防城港市、百色市、来宾市4个市的市场份额高于10%；在柳州市、桂林市、梧州市、北海市、钦州市、贵港市、玉林市、贺州市、河池市、崇左市10个市的市场份额小于10%。

第三类是业务分布区域较广，但竞争优势不明显。这种类型的有平安产险、大地产险2家森林保险机构。其中，平安产险的森林保险业务集中在南宁市、柳州市、桂林市、梧州市、玉林市、百色市、贺州市、河池市、来宾市、崇左市10个市，市场份额均低于10%；大地产险分布在南宁市、柳州市、桂林市、梧州市、贵港市、百色市、贺州市、河池市、崇左市9个市，市场份额均低于10%。

第四类是业务分布区域窄且竞争优势不明显。中华财险属于这种类型，仅分布在柳州市、桂林市，市场份额均低于10%。

四、市场结构

2021年，全区森林保险市场有7家保险机构提供保险服务，市场参与主体数量比较多，当前人保财险、北部湾保险、太平洋产险、国寿财险分别占据了较高的市场份额，4 家保险机构的承保面积占全区森林保险承保总面积 96.07%，平安财险、中华财险、大地财险由于 2021 年新进森林保险市场，仅占全区森林保险承保面积 3.93%。

2021 年，全区森林保险市场表现出如下特点：

第一，保险机构占据不同市场优势。人保财险森林保险市场份额为 39.08%，相比 2020 年上升了 2.51%，在全区森林保险市场继续保持着明显的优势地位，且在 11 个市处于领先水平；北部湾保险、太平洋产险、国寿财险市场份额分别为 20.10%、28.49%、8.40%，与 2020 年相差不大，这 3 家机构在全区许多地区占据相对优势地位，且给人保财险带来挑战；平安产险、中华财险、大地产险 3 家保险机构市场份额分别 1.88%、0.31%、1.74%，在全区均处于优势较弱的地位。

第二，采用遴选方式划分承保区域。2021 年 4 月，广西壮族自治区财政厅出台《关于明确政策性农业保险承保机构名单的通知》，自治区财政厅联合相关部门对全区政策性农业保险承保机构开展了遴选工作，经遴选，确定人保财险、太平洋产险、北部湾保险、国寿财险、平安产险、中华财险、大地产险共 7 家保险机构作为 2021—2023 年全区中央财政补贴险种和自治区险种的承办机构，并结合各市县现有保险机构情况，划分各保险机构相应的承保区域，在一定程度上保证了森林保险规模的连续性和服务质量。另外，通知要求保险机构加大基层服务体系建设投入力度，提高县域服务能力，不断提高赔付水准，对于赔付率较高或较低的保险机构，相应增减其承办业务市场份额权重，不断优化保险条款，高度重视定损、理赔工作，在一定程度上规范了森林保险机构的市场管理。

第三节　产品创新

森林保险产品多元化是促进各市森林保险进一步发展的关键因素。2021 年，各地方政府与林业主管部门积极协同保险机构开展森林保险产品创新，涵盖油茶收入保险、林木种苗保险、中草药种植保险、坚果树及果实种植保险、古树名木保护救治保险、林业碳汇指数保险等，森林保险产品不断丰富，更好地满足了林业生产风险保障需求。

一、油茶收入保险

广西是全国油茶重点产区，油茶产业发展基础好、条件优越、潜力巨大，2021 年全区油茶种植面积达 850 多万亩，年产茶籽 45 万吨、茶油 10 多万吨、实现综合产值 400 多亿元。近年来，受市场供需和气候影响，加之种植管理粗放、品种改良缓慢、组织化程度低等因素，导致油茶产业未能健康发展。

2019 年 9 月，财政部印发《关于加快农业保险高质量发展的指导意见》，提出“扩大农作物收入保险试点、探索收入保险 + 期货（权）试

图 3-3　自治区林业局前往百色市、雅长林场开展油茶收入保险调研

点”，为全区探索油茶收入保险发展提供了政策依据。2020 年 7 月，自治区财政厅和林业局联合印发通知，率先在全国开展油茶收入保险试点工作，试点采用“卫星遥感 + 地面采样”相结合的方式，有效解决了测产难题。2020 年全区油茶收入保险参保面积 1.17 万亩，为农户提供风险保障 2952.71 万元。与传统油茶保险相比，油茶收入保险覆盖产量、价格波动所造成的损失，是一款以保障生产收入为目的的创新型保险产品。

专栏1　油茶收入保险方案

保险责任。在保险期间内，由于下列原因造成油茶鲜果实际收入低于合同约定的每亩保险金额时，保险人按照保险合同的约定负责赔偿：

（1）由于旱灾、降雨、洪涝、冰雹、台风、冻害、滑坡、泥石流、火灾等自然灾害、意外事故、病虫草鼠害的原因导致油茶鲜果产量下降；

（2）集中上市期油茶鲜果收购价格下降。

保险金额及保费。保险费率统一为5%，约定收购价格4元/千克。根据油茶品种及树龄划分三种标准：8年（含）以上树龄良种油茶鲜果产量500千克/亩，保险金额2000元/亩，保费100元/亩；8年（含）以上树龄非良种油茶鲜果产量400千克/亩，保险金额1600元/亩，保费80元/亩；5年（含）至7年树龄良种油茶鲜果产量300千克/亩，保险金额1200元/亩，保费60元/亩。

保费分担比例。保费由投保户负担40%；自治区财政对县（市）补贴40%、对设区市所辖城区补贴30%；设区市本级财政和所辖城区财政共承担30%，县（市）财政承担20%。

赔偿处理。保险期间结束后，保险机构根据油茶鲜果价格监测数据（实际平均收购价格）及实际平均产量数据核定油茶鲜果实际亩均收入，实际亩均收入低于保险合同约定的每亩保险金额的，视为发生保险事故，在被保险人提出索赔申请后，保险机构开展相应理赔工作。

（1）计算公式。每亩赔偿金额=每亩保险金额（元/亩）一每亩油茶鲜果实际收入（元/亩）每亩油茶鲜果实际收入=实际平均产量（千克/亩）×实际平均收购价格（元/千克）。

（2）实际平均产量的确定。保险合同双方根据实际情况，在投保前约定适合的测产方式。油茶鲜果成熟采摘前，保险机构可按需会同当地林业技术部门、行业协会等单位（林业部门和油茶种植户认可）进行实地测产，测产数据作为受测地块的每亩油茶鲜果实际平均产量。

（3）实际平均收购价格的确定。自治区发展改革委价格监测机构负责组织有关市县发展改革部门监测当地油茶鲜果收购价格，并通过广西价格监测公众号等适当方式公布。

2021年8月，自治区财政厅等4个部门结合全区油茶产业发展实际及近年油茶收入保险试点情况，进一步完善油茶收入保险政策，确保油茶收入保险工作稳步推进。

截至2021年年底，全区油茶收入保险承保农户136户，承保面积2.56万亩，保费收入205.04万元，为农户提供风险保障4079.77万元，油茶收入保险逐步凸显了森林保险在油茶产业发展中的“加速器”作用。

二、林木种苗保险

广西是全国林业大省和南方重点集体林区，林木种苗产业发达。“十三五”期间，全区建设重点林木种质资源库和林木良种基地38个，新增选育林木良种82个，苗木年供应能力达10亿株，主要造林树种林木良种使用率80%以上。

近年来，强降水、干旱以及高温等自然灾害频发，致使苗木种植受到严重影响，给农户造成巨大经济损失。为更好地服务和推动林木种苗

专栏2　林木种苗保险方案

保险标的。杉木苗、油茶苗及桉树苗三类林木种苗。

保险责任。由于台风、暴雨、霜冻、冰雹、雪灾、洪水、泥石流、病虫害、火灾、野生动物啃食等，造成保险苗木流失、茎干折断、冲毁或者死亡，且损失率达到5%（含）以上的直接经济损失。

保险金额及费率。试点地区林木种苗保险以“低保障、广覆盖”为原则确定保障水平，保险费率均为5%。

（1）杉木苗木保险金额及保费：裸根苗5000元/亩，每亩保费250元；容器苗10000元/亩，每亩保费500元。

（2）油茶苗木保险金额及保费：裸根苗10000元/亩，每亩保费500元；容器苗50000元/亩，每亩保费2500元。

（3）桉树苗木保险金额及保费：3000元/亩，每亩保费150元。

保险期限。杉木苗木、油茶苗木保险期限为1年，桉树苗木保险期限为6个月。

保费补贴。自治区级财政补贴50%，县级财政补贴20%，林木种苗培育户承担30%。按照自治区财政厅《关于加大政策性农业保险财政扶持力度支持精准脱贫的通知》（桂财金〔2016〕38号）规定，建档立卡贫困户免交保费，所免交的保费由自治区财政承担。

产业发展，提升全区政策性森林保险保障水平，2017 年，广西壮族自治区财政厅印发《关于开展林木种苗保险试点工作的通知》，制定广西政策性林木种苗保险方案，推动林木种苗保险试点。

2021 年，全区林木种苗保险承保农户 15 户，承保面积为 1177.78 亩，保费收入累计达 289.75 万元，为农户提供 5795.06 万元的风险保障。林木种苗保险给全区林木种苗生产提供了强有力的风险保障，有效地促进了林木种苗产业健康发展，助推林业种业振兴。

三、中药材种植保险

广西是中国的“天然药库”和“中药材之乡”。第四次全国中药资源普查统计，广西中药材资源总数 7506 个，占全国资源总数 55% 左右，排全国第二位。2020 年，全区中药材（含林木药材）面积从 2015 年的 680

图 3-4　自治区林业局前往维都林场、龙州县开展林下经济保险调研

万亩增加到720万亩，总产量从96万吨增加到135万吨，种植总产值从82亿元增长至150亿元。2021年上半年全区中药材（农业部分）产量约20.11万吨，同比增长8%。但中药材在生长过程中，遭受暴雨、洪水、风灾、火灾、泥石流等自然灾害影响而减产减收。

为了增强中药材种植经营主体抵御自然灾害和意外风险的能力，减少风险损失，促进中药材产业持续健康发展，2020年，金秀瑶族自治县人民政府办公室印发了《金秀瑶族自治县2020年特色产业保险试点实施方案的通知》，推进金秀县中药材种植保险试点，取得了一定成效。

专栏3　金秀县中药材种植保险方案

保险责任。由于下列原因直接造成保险茶叶和林下中草药的损失，损失率达到10%（含）以上的，保险机构按照本保险合同的约定负责赔偿：

（1）暴雨、洪水（政府行蓄洪除外）、内涝、风灾、雹灾、低温冻害、旱灾、地震；

（2）泥石流、山体滑坡；

（3）病虫害。

保险期限。自保险茶叶和林下中草药休眠期开始起，至秋梢期止，但不得超出保险单载明的保险期间范围。

保险金额及免赔率。林下中草药保险金额按生产一季林下中草药1500元/亩确定，免赔率按损失金额的20%确定。

保险费率。6%，即林下中草药保费为90元/亩。

赔偿处理。种植成本高于1500元的品种，如七叶一枝花、砂仁、大钻、天冬等不区分生长期，自休眠期开始每亩赔偿比例为100%。种植成本低于1500元的品种，如草珊瑚、黄花倒水莲、牛大力、两面针、鸡骨香、鸡骨草、绞股蓝等，不同生长期的林下中草药每亩最高赔偿比例为：休眠期50%，萌芽、生长期80%，成熟期100%。

保费补贴。各级财政补贴为自治区级财政补贴30%，县级财政补贴40%，农户自缴30%，种植户承担保费27元/亩。

2021年，全区已有三个县探索开展了中药材种植保险相关工作。北部湾保险在平南县、金秀县进行中药材保险试点，承保面积近2万亩，为牛大力、草珊瑚、两面针、山药等林下中药材提供了保险服务，其中平南县保额1000元/亩，保费60元/亩；金秀县保额1500元/亩，保费

90 元 / 亩。国寿财险为龙州县韬盛农业科技公司 500 亩澳洲坚果林下种植百部提供风险保障 160 万元。中药材种植保险有效减轻了种植户的生产成本负担，建立稳固有效的风险保障体系，促进中药材产业持续健康发展。

四、坚果树及果实种植保险

崇左市扶绥县种植坚果已有 10 多年，近年来，扶绥县贯彻落实习近平总书记关于乡村振兴的重要论述，立足区位优势、产业优势和群众基础，把澳洲坚果产业作为乡村振兴的“压舱石”，系统谋划推进澳

专栏 4　坚果树及果实种植保险方案

保险责任。在保险期间内，因如下原因直接造成保险坚果树主干折断、连根拔起、植株死亡，或保险坚果果实损失且损失率达到20%（含）以上的，保险人按照保险合同约定负责赔偿：

（1）火灾；

（2）暴雨、洪水、内涝、风灾、雹灾、冻灾、旱灾；

（3）山体滑坡、泥石流、雷击；

（4）地震及其次生灾害；

（5）病虫草鼠害。

保险金额及费率。保险金额为1200元/亩，保险费率5%。

保费分担比例。保费由投保户负担50%；地方财政补贴50%。

赔偿处理。

（1）保险坚果果树的损失：

赔偿金额=每亩保险金额×果树损失率×不同生长期赔偿比例×受损面积

果树损失率=单位面积植株损失数量/单位面积平均植株数量

（2）保险坚果果实的损失：

赔偿金额=每亩保险金额×果实损失率×不同生长期赔偿比例×受损面积

果实损失率=单位面积果实损失数量（损失产量）/单位面积平均果实数量（正常产量）

不同生长期赔偿比例分别为：果树投产前期50%，果树投产期100%；果实萌芽期30%，扬花坐果期60%，果实膨大期90%，成熟期100%。单位面积果实正常产量参照当地该品种坚果近3年平均产量，以当地政府部门公布的数据为准。

洲坚果产业发展。2021 年全县坚果种植面积达 10.82 万亩，进入丰产期 1.50 万亩，坚果青果年产量 1.16 万吨，产值 1.39 亿元，累计带动 5816 户农户发展坚果，每户年均增收 8000 元。然而澳洲坚果多种植在山丘地带，易遭受风灾、虫害、台风等影响，严重威胁澳洲坚果种植业规模化发展。

2020 年 7 月，为给澳洲坚果提供全方位的风险保障，扶绥县林业局与人保财险合力推出坚果树及果实种植保险。

人保财险扶绥支公司推出的澳洲坚果树及果实种植保险涵盖了风灾、虫害等多种灾害，当坚果树及果实因灾害造成损失时，保险机构将根据其损失程度、生长周期、产量降幅等情况进行赔付，有效增强了坚果种植户抵御自然灾害和意外风险的能力，减少风险损失，促进扶绥县坚果产业高质量发展。

截至 2021 年年底，扶绥县澳洲坚果承保面积 5938.61 亩，共提供风险保障 69.5 万元，签单保费 35.6 万元。

五、古树名木保护救治保险

古树名木是重要的森林资源及历史文物资源，是不可再生的自然和文化遗产，不仅具有极高的观赏价值，而且具有重要的科学、文化、生态和历史价值。目前，全区 14 万多株古树名木全部完成挂牌立碑，以古树名木为载体打造了一批“全国生态文化村”“国家森林乡村”“广西森林乡村”，古树名木焕发新的活力，成为“山清水秀生态美”的靓丽“名片”。然而，古树大多位于公共区域，缺少管护主体，在生长过程中，面临着台风、雷击、暴雨以及病虫害等各类风险。

2021 年 7 月，为进一步加强古树名木风险管理，人保财险创新开发了古树名木保护救治保险，分别为玉林市 474 株和高峰林场 2 株古树名木各提供了 500 万元的风险保障。

古树名木保护救治保险是全区探索森林保险的一项创新举措，通过政企联合，借助保险杠杆作用，提升政府专项资金的使用效率，加强古树名木风险管理，有效降低古树名木的管理风险，助力历史绿色文化遗产保护，为全区生态系统建设和历史文化保护搭建了坚实的风险屏障。

专栏5 古树名木保护救治保险方案

保险责任：

施救费用保险。保险期间由于海啸、雷击、暴雨、暴风、龙卷风、冰雹、台风、飓风、沙尘暴、暴雪、冰凌、突发性滑坡、崩塌、泥石流、地面突然下陷下沉及其他人力不可抗拒的破坏力强大的自然现象，直接造成投保的古树名木无法正常生长、需要保护救治的，因救治、修复而投入的必要、合理的施救费用，由保险公司按合同约定负责赔偿。

第三者责任保险。因古树名木发生倾倒、倾斜、折断以及主干分枝折损掉落等情况，导致第三者人身伤亡和财产损失的，依法应由被保险人承担的民事赔偿责任，保险人负责赔偿：

（1）第三者人身伤亡或财产损失；

（2）事先经保险人书面同意的诉讼费用；

（3）发生保险责任事故后，被保险人为缩小或减少对第三者人身伤亡或财产损失的赔偿责任所支付的必要的、合理的费用。

保险方案：

（1）保单累计赔偿古树名木施救费用限额为人民币500万元；

（2）每次事故赔偿限额250万元（其中划分：每次事故人身伤害赔偿限额为人民币200万元，每次事故财产损失赔偿限额为人民币50万元）；

（3）每次事故每人赔偿限额40万元（包括死亡残疾及医疗费用，其中医疗费用限额5万）。

保险期限：一年。

保险费率：

（1）累计主险责任限额：5000000×费率0.6%～1%=30000～50000元；

（2）累计附加险责任限额：30000～50000×费率20%=6000～10000元；

（3）累计保费：36000～60000元。

六、商业性林业碳汇指数保险

2021年，全区森林覆盖率达62.55%，居全国第三位，森林蓄积量9.69亿立方米，森林碳汇资源成为全区不可多得的绿色宝藏。近年来，随着全区逐步规范碳排放权交易活动，森林本身吸收并储存二氧化碳的生态服务实现了直接经济价值以外的富余价值。但森林固碳能力与量值看不见、摸不着，一旦发生损失很难准确核定其碳汇增量的损失情况，

专栏6 林业碳汇指数保险方案

保险责任。在保险期间内，由于以下原因直接造成投保地理区域内的保险林木完全损毁，且保险林木减少面积大于或等于300亩时，视为林业碳汇增量减弱事件，对于被保险人因保险事故所支出的对当地林业碳汇资源救助、植被恢复等与林业碳汇增量生产活动有关的灾后救助费用，保险人按照保险合同约定负责赔偿：

（1）火灾、泥石流、山体滑坡、空中飞行物体坠落等意外事故；

（2）台风、洪水（政府行蓄洪除外）、冻灾、雪灾、雨凇、雪凇。

保险金额及确定方式。参照投保地理区域内的林木资源面积、林木种类及比例、被保险人灾后救助费用等相关数据，由投保人与被保险人协商确定保险林木保险金额，并在保险单中载明。

保险费率。基准费率为12%。

赔偿处理。发生保险责任范围内的损失，被保险人向保险人提出书面赔偿申请后，保险人根据保险期间投保地理区域内林业碳汇增量的损失量换算成的年度林木损毁累计面积对应的赔偿金额进行赔付。赔偿金额=林业碳汇增量的损失量换算成年度林木损毁累计面积对应的赔偿金额×（1-免赔率），投保地理区域内林业碳汇增量的损失量换算成年度林木损毁累计面积由当地林业主管部门盖章确认的数据为准。任何情况下，赔款总金额不得超过保险金额。

因此，林业碳汇指数保险可以作为一种有效的风险管理方式。

经过多次实地考察、研究与论证，2021 年 6 月，国寿财险创新开发了广西首单林业碳汇指数保险，为金桂林业集团 125 万亩森林提供 500 万元碳汇损失风险保障，年度保费 60 万元。同年 12 月，平安产险以遥感碳汇监测研发成果为技术支撑，创新开发了广西首单森林碳汇遥感指数保险，为来宾市象州县林场 3.33 万亩林地提供 290.78 万元碳汇风险保障。

与传统森林保险相比，林业碳汇指数保险的保障对象不是具象的各类林木，而是着眼于森林所带来的固碳功能，其目的是保障林业所产生的富余价值、生态环保价值、碳汇恢复期间耗损、固碳能力修复成本以及碳排放权交易价值，这是森林保险行业助力碳达峰、碳中和的一次积极探索和尝试。

第四节　技术应用创新

卫星遥感、无人机、物联网等保险科技在森林保险方面已有广泛应用，为森林保险发展与创新带来了新动力，在森林保险承保核保、灾情查勘、损失确定以及快速理赔等保险业务全流程中发挥着积极作用。

一、防灾减灾技术应用

（一）“火易见”卫星监测系统

森林和草原火灾具有蔓延快、破坏性强、难以恢复的特点，只有尽早发现火情并及时处理才能最大限度地减少损失。传统的烟雾火警探测器在大面积、地形复杂的山林草原很难满足目前灾情监测的实际情况，为保护人民群众生命财产安全，推进森林保险高质量发展，2020 年起，人保财险启用航天信德智图（北京）科技有限公司（以下简称“航天信德公司”）的“火易见”卫星监测系统，用于监测森林火灾与损失核定。

“火易见”系统利用航天科技和高分辨遥感卫星影像数据，建设高效的林业卫星防火系统，通过卫星遥感的方式监测火点信息，依靠温度升高导致热辐射增强以及不同热红外通道增长幅度差异这两个条件进行火点识别，实现森林火灾最快 10 分钟卫星预警服务，火灾快速定位，第一时间通知主管人员，可为应急管理部门、承保公司有效采取措施、降低灾害损失提供准确、便捷的信息渠道。据 2020 年统计，“火易见”系统已监测全国 11 万起森林草原火灾，准确率高达 95%，实现对森林火灾早发现、早定位、打早、打小。

同时，“火易见”系统灾后立即启动遥感数据处理工作，短时间内可快速进行多期过火面积提取，为森林保险预赔付提供依据。2021 年 1 月 15 日，人保财险运用“火易见”系统对河池市环江县明伦镇龙水村臣龙屯森林火灾进行灾后损失核定，通过遥感数据处理分析，最终提取火灾过火面积 987.21 亩，并快速获得定损报告完成理赔。

“火易见”系统具有数据直观化、监测实时化、服务定制化、信息智能化、管理平台化等特点，通过卫星遥感技术监测森林火灾与查勘定损，极大降低了人力、物力成本，同时帮助林业主管部门减负，有效提高资金的利用效率，获得了政府部门的高度认可。

（二）松材线虫病遥感监测

松材线虫病是一种具有高度传染性和毁灭性的重大森林病害。自 2001 年发生松材线虫病以来，广西已进入松材线虫病综合治理的第 20 个年头。2021 年，全区共有 13 个市 43 个县（市、区）158 个乡镇发生松材线虫病疫情，发生面积达 43.96 万亩，已造成巨大的林业经济损失和森林生态危害，严重影响疫区经济社会发展。

全区松材线虫病致死的松树数量逐年增多，呈现点多零散、部分林区爆发等现象，松材线虫病的防治刻不容缓。但传统的松材线虫病监测以人工踏查为主，全区松林面积广大，地势条件复杂，这种监测方式费时费力，且准确性较低。随着“3S”技术的快速发展，松材线虫病遥感监测已成为当前探索的热点，利用人工智能技术对多数据源的高分辨率遥感影像进行自动解译，结合人工干预，在大尺度范围排查出松材线虫病疫区，再采用无人机搭载多光谱传感器获取疫区多光谱数据，运用遥感、GIS 技术混合建模，研究自动化提取松材线虫病疫木方法，掌握疫情的发生位置、面积、危害程度等情况，为松材线虫病防控提供基础数据支持。

2021 年 10 月，广西壮族自治区林业科学研究院委托航天信德公司进行松材线虫病监测调查，在桂南和桂北选择 2 个试验示范区，开展 1 次疫区秋后松树受害枯死（变色）立木遥感影像识别监测，并通过地面人工和无人机调查对监测结果进行抽样核验，最终得到监测区枯死松树分布情况。此次松材线虫病遥感监测调查，有效解决了防控工作中卫星遥感分辨率低难以准确定位疫木，以及人工踏勘强度大、效率低等问题，为今后开展病虫害防治工作提供了新思路和新方法（图 3-5）。

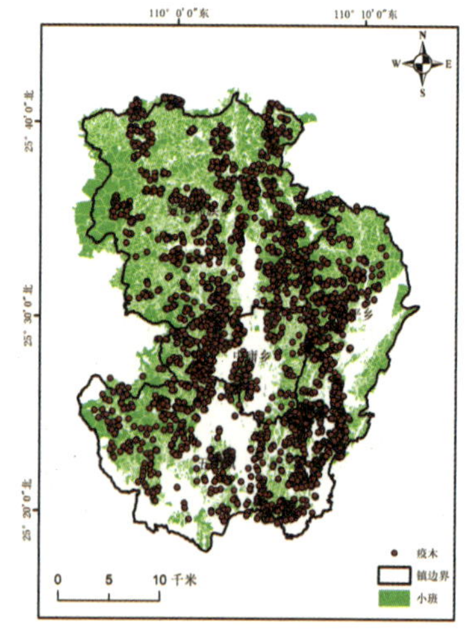

图 3-5　监测区枯死松树分布图

二、承保理赔技术应用

（一）“e 农险”新技术

太平洋产险“e 农险”自 2015 年诞生以来，历经 5 年，现已完成 1.0 到 5.0 的创新迭代研发，形成了一套完整的数字化农险运营管理体系，包含四大核心内容：搭建移动平台，与 IT 系统实现对接；开发各类 APP 应用，符合移动应用属性；外围设备辅助，开发应用载体；业务流程再造，固化标准操作流程。

“e 农险”APP 具有从承保验标到理赔支付以及综合服务管控的全流程功能，承保方面包括验标助手、移动初审、移动核保、e 键承保、保单查询等功能，理赔方面包括查勘助手、移动调度、共保查勘、移动核赔、e 键理赔、赔案查询等功能，此外，还有水印相机、测亩仪、航拍测亩仪、遥感助手、面积测算、OCR 工具、生物识别等协作工具。“e 农险”APP 全方位地为承保理赔服务工作提供了技术支持。

同时，“e 农险”借助遥感卫星、无人机、人工智能深度学习技术，对地块、农作物种类和面积进行远程智能识别，利用无人机直接测亩，建立种植险标的库，快捷、精准、高效地完成验标和查勘。2021 年 7 月 31 日，受暴风雨影响，融水苗族自治县东良村集体种植的桉树大面积受损，接到报案后，太平洋产险立即安排人员与被保险人联系，结合当地的地形、气候等因素，在查勘定损中借助无人机及“e 农险”经纬度定位查勘，双方就标的损失情况快速达成一致意见，最终确定损失面积 510 亩，共计赔付被保险人 22.50 万元（图 3-6）。

图 3-6　航拍测亩仪测定损失面积

（二）“智农险”+无人机

为推动农业保险承保理赔电子化、科技化，进一步提升承保理赔工作准确性和真实性，提升农业保险工作的精细化管理水平，北部湾保险借助第三方科技公司力量，自主研发上线“智农险”专用业务系统，在森林险承保中实现了定位拍照、勾图测亩、林地权属记录等功能。“智农险”专用业务系统在2021年投入使用。同时，北部湾保险设立理赔专家“一站通”服务，积极推广运用无人机辅助实施查勘定损工作，每个地市成立至少1支无人机队，搭配“智农险”专用业务系统，实现了实时接收查勘现场画面，快速了解分析受灾情况，对现场查勘工作的开展进行远程连线指导，高效推动重大或特殊案件的理赔时效（图3-7）。

图3-7 “一站通”专家远程连线查勘现场

2021年1月15日，北部湾保险承保的位于桂林市永福县广福乡的桉树发生大面积冻死冻伤情况，北部湾保险迅速组织力量，运用无人机航测技术进行现场查勘，针对被保险人提供的损失情况进行勾图，航拍覆盖确认损失面积、损失程度，并在主要受损区域进行地勘采样验证航拍影像体现的损失程度，两者结合，逐山头逐地块进行损失面积和损失程度的确认，最终净损失面积确认为2300余亩，定损约114万元，客户对北部湾保险的无人机定损技术予以高度认可。

第五节 服务创新

近年来，全区各地不断推进保险运作模式创新和承保理赔模式创新，促进森林保险市场的发展和完善。2021年，各地在承保理赔服务等方面进行了积极探索，森林保险的承保效率和理赔能力得到了有效提升。

一、完善基层服务体系

各保险机构大力构建“以县支公司为龙头，以农业保险服务站为依托，以驻村协保员、护林员为延伸”的保险服务网络体系。2021 年，全区已建立森林保险市公司 82 个、县（区）支公司 484 个、乡镇服务站 2017 个、村级服务点 4661 个，聘用森林保险从业人员 7702 人，森林保险基层服务水平显著提高（表 3-5）。

表 3-5 2021 年森林保险基层服务能力情况

保险机构	森林保险从业人员（人）	森林保险服务网点数量（个）			
		市公司	县（区）支公司	乡镇服务站	村级服务点
全区合计	7702	82	484	2017	4661
人保财险	5060	14	96	953	1454
太平洋产险	1117	14	111	338	339
北部湾保险	418	14	115	362	1205
国寿财险	273	17	61	241	1598
中华财险	44	8	22	19	7
大地产险	35	4	30	34	58
平安产险	755	11	49	70	

二、推行村集体统保模式

依靠传统的承保模式挨家挨户签订保单、收缴保费，工作量大，成本高。为进一步扩森林保险覆盖面，保险机构探索以村级集体经济组织形式开展林业保险合作模式，推动农村一揽子保险，提高承保效率。

2021 年 1 月，太平洋产险在贺州市昭平县木格乡高车村承保的森林综合险，通过派承保专员验标和村委干部核实人数、农户名字、账户、联系方式以及保险机构电话核查种植亩数的方式，共承保了森林综合险 12417.1 亩，承保后商品林 6%、公益林 4% 的协办费用直接打入相关人员个人卡中，这样的展业办法节约了较多的人力成本，提高了工作效率。

三、提升理赔能力

（一）成立森林保险定损专家库

为稳步推进全区森林保险工作，促进森林保险健康发展，切实维护参保者的合法权益，提升森林保险理赔服务水平，实现理赔高效化、科学化、精准化，2017 年全区成立森林保险定损专家库，在全区林业系统和相关院（所）择优聘任了森林保险理赔专家 340 人。

（二）引入第三方评估

森林保险经办初期，灾害发生后由保险机构约请参保单位的技术专家进行现场查勘定损，在一定程度上存在参保单位既是运动员又是裁判员的问题。为更加规范森林保险理赔环节，从 2013 年开始，各保险机构分别与佛山市兴禅保险公估有限公司、广西诚信达保险公估有限公司等 11 家公司签订公估协议，作为第三方公估机构，在森林保险报灾后进行现场查勘定损并作出灾情鉴定工作。这一查勘定损的新途径一定程度上提高查勘定损和理赔效率（表 3-6）。

人保财险在处理 2021 年年初平南县沉香树冻灾一案中，由于受灾面积广阔，难以确定受损程度及面积，公司运用卫星遥感定损和无人机测绘定损等技术手段进行五次复勘。同时，公司聘请佛山市兴禅保险公估有限公司进行第三方定损，5 月 31 日完成定损工作，损失面积约为 2680 亩，共计赔付 94.60 万元，一定程度上帮助被保险人恢复生产。

表 3-6　2013—2021 年各保险机构引入第三方评估情况

保险机构	引入第三方公估公司名称
人保财险	佛山市兴禅保险公估有限公司、航天信德智图（北京）科技有限公司
太平洋产险	佛山市兴禅保险公估有限公司、广西诚信达保险公估有限公司、航天信德智图（北京）科技有限公司
北部湾保险	佛山市兴禅保险公估有限公司、广西诚信达保险公估有限公司、汇中保险公估股份有限公司广西分公司、中衡保险公估股份有限公司广西分公司
国寿财险	广西靖西市润泽林业综合服务有限责任公司、泰格瑞科技公司、百色广森林业服务有限责任公司、广西诚信达保险公估有限公司、泰格瑞科技公司、广西鑫辉林业调查规划设计有限公司百色分公司
平安产险	广州信衡保险公估有限公司广西分公司

第四章

作用成效

广西壮族自治区作为南方集体林区的重要省份，林业在全区经济和社会发展方面占据很重要的地位。林业作为长期发展产业，短期内往往看不到太大效益，但在发展过程中却伴随着许多自然灾害和人为破坏，极大地削弱了林业生产经营和生态环境建设的积极性。森林保险作为化解林业生产风险的重要手段，能极大程度地减轻森林灾害带来的损失，为林业可持续健康发展提供保障，是林农规避经营风险的“定心丸”，是生态建设的“稳定器”。同时，森林保险在助推林业改革、助力精准扶贫等方面发挥了独特的作用，是保障林农收入、推动林业扩大生产、促进产业发展的“加速器”。

第一节　助力林草生态恢复

全区政策性森林保险自铺开发展以来，保险范围由过去单一的森林火灾保险，扩大到包括暴雨、暴风、台风、洪水、滑坡、林业有害生物等林木生长可能遇到的所有灾害风险，保险产品体系不断丰富，范围不断扩大，覆盖面不断增长。2013—2021 年，全区政策性森林保险累计处理案件 13017 件，累计赔付林地受灾面积 848.02 万亩，累计赔付金额 5.95 亿元，累计受益林农 26283 户。

一、支持森林火灾灾后恢复

森林火灾是一种突发性强、破坏性大、处置救助困难的自然灾害。全区森林火灾常年频发高发，对森林资源造成较大损害，给生态安全和林农收入带来巨大的威胁。政策性森林保险将森林火灾纳入主要保障范围之一，为受灾的森林开展灾后恢复工作提供了保障资金。2013—2021 年，全区政策性森林保险因森林火灾灾害赔付面积累计达 197.30 万亩。

专栏 7　森林火灾案例

2021年3月22日，广西雅长兰科植物国家级自然保护区意外发生火灾，初步判定林地受损面积超千亩。灾害发生后，北部湾保险立即组织技术人员前往实地查勘。技术员借助无人机拍摄火烧范围，确定毁林面积，并进入火灾现场抽样测量受灾林木，最终核实本次事故林地受损面积890.79亩，赔偿金额24.52万元。赔付款的快速到位，为保护区对受损的公益林开展生态修复工作提供了资金保障。

图 4-1 火灾现场照片

二、支持风灾灾后恢复

广西属于沿海省份，部分沿海地区常受海洋热带低压、热带风暴、强热带风暴和台风的影响，常年风灾频发。风灾的出现容易造成林木连片的倒伏和折断，对林木生长带来巨大的危害。政策性森林保险能对遭受风灾的林木提供保障，增强了林农抵御自然灾害的能力，保障了林业生产经营者的经济利益。2013—2021 年，全区政策性森林保险因风灾灾害赔付面积累计达 340.15 万亩。随着沿海地区承保面积不断提高，受益林农日益增加。

专栏 8 风灾案例

2021年9月22日，广西国有博白林场遭受“狮子山”和“圆规”等台风吹袭，造成林地内桉树大片倒伏。灾害发生后，保险机构委派技术员前往于林地进行实地勘查。由于涉及的林地范围广，技术员通过抽样的方式清点折断、倒伏、弯曲受损的桉树数量，计算出林木受损类型的平均比例。经核实，此次风灾事故林木倒伏面积为11076亩，林木折断面积为1200亩，赔付金额约280万元。赔付款的迅速到位，为林场及时恢复林木生长提供了资金保障，提高了林场抵抗自然灾害风险的能力，减少了灾害带来的损失。

图 4-2 广西国有博白林场林木遭受风灾现场

三、支持气象灾害灾后恢复

全区气象灾害发生频繁，是我国气象灾害最严重的省份之一。气象灾害常伴随着强冷空气、寒潮大风和低温雨雪的出现，易对林木造成折干、断枝、撕裂、倒桩等严重的机械损伤，给森林健康带来巨大的威胁。政策性森林保险将气象灾害纳入承保责任范围，为灾后恢复生产提供了资金保障，提高林业经营者抵御极端天气灾害的能力。2013—2021 年，全区政策性森林保险因气象灾害赔付面积累计达 100.32 万亩。

专栏 9 雨雪冰冻灾害案例

2021年1月8日，广西林业集团在贺州市昭平县内种植的桉树因冰灾受损，导致林地内种植的桉树冻伤干枯。灾情发生后，保险机构委派技术员进行现场查勘，现场发现受灾的桉树部分叶子、树芽与树干出现不同程度冻伤冻死现象。技术员通过随机抽样的方式计算植株受损比例，确定本次灾害共造成191.38亩桉树受灾，合计赔偿16.46万元。这笔森林保险资金的赔付，在一定程度上减轻了经营者的损失，有力地支持受灾林木开展恢复生产工作。

图 4-3 桉树遭受冰冻灾害受损现况

四、支持有害生物灾害灾后恢复

广西是我国生物多样性最丰富的省份之一，也是各种病虫害高发地区。有害生物灾害的暴发对林木带来不可逆转的破坏，严重影响树木生长健康，对森林资源造成巨大损失。政策性森林保险对遭受有害生物灾害的林木理赔，对防控灾情扩散，减少林农损失，恢复再生产起积极的促进作用。2013—2021 年，全区政策性森林保险因有害生物灾害赔付面积累计达 50.41 万亩。

专栏10 有害生物灾害案例

2021年4月6日以来，合浦县的红树林分别受渔藤、毛额小卷蛾、广州小斑螟等有害生物的损害，导致多个乡镇的红树林出现较大面积的病虫害现象，造成部分红树林枯萎死亡。案情发生后，保险机构安排查勘人员现场调查取证。由于灾害涉及面积广，技术员采用卫星遥感技术和无人机航测技术核实损失面积。经现场核实和影像测算，红树林受灾面积为6516亩，按照受灾害程度和灾害面积折算，此次赔付金额为166.4万元。红树林具有良好的生态价值，保险赔付金能及时地用于受灾红树林的治疗与恢复，对保障生态安全、建设生态文明有积极的促进作用。

图 4-4 红树林受灾现场

五、支持油茶收入保障

近年来全区实施油茶“双千”计划，全面实施千亩油茶基地、千亿元油茶产业，使其成为农民增收致富的新途径、乡村振兴战略的新亮点和建设美丽广西的新名片。森林保险适时推进试行油茶收入保险方案，通过采用保障适度、保费低廉、财政补贴方式，在全区 18 万亩良种油茶

专栏11 油茶收入保险案例

2021年9月，三江县由于市场因素导致油茶价格下降，造成农户每亩油茶鲜果的实际收入低于合同约定的每亩保险金额。保险事故发生后，太平洋产险组织技术人员针对新兴险种的赔付理赔工作展开调查。技术员实地考察了当地油茶产量的测产情况，通过对比当地油茶鲜果的市场价格和保险约定价格，确认此次事故赔付金额为77万元。有了油茶收入保险兜底，提高了林农抵御市场风险的能力，增强了林农发展油茶种植的信心和动力。

林地顺利地开展了试点承保工作。油茶收入保险在一定程度上保障林农种植油茶的稳定收入，增强了农户种植油茶的信心和动力，促进了油茶产业的发展。

第二节　提高防灾减灾能力

森林保险作为森林的“防护”和“保障”的手段，始终坚持“防赔结合”的原则。随着全区森林保险的快速发展，保险机构与林业主管部门协同联系更加密切，共同建立起森林保险的防灾减损体系，积极引导公众参

图 4-5　自治区林业局前往防城港市、六万林场开展防灾减灾体系调研

与到森林防灾减灾工作，充分利用卫星遥感技术、无人机技术等先进手段提高防灾减灾能力，为降低林业经营风险和林业生态安全打下坚实的基础。

一、加强防灾减灾能力建设

完善森林防灾减灾体系的建设任务，不仅仅是林业部门的重要职责，也是各保险机构和林农的共同责任。保险机构和林业主管部门协同合作，持续加大对防灾减灾的资金投入，在源头上防范化解安全危机，健全隐患排查工作体系，建立健全跨区域、跨部门联防联控机制。通过强化航空护林、电子监测和森林消防的能力建设，提高林业灾害防控现代化水平，加强灾害风险管理水平，减少森林灾害发生和损失，保障林业生产经营者的生命和财产安全。

二、增强防灾减灾宣传力度

全区每年举办关于森林保险、林权交易业务管理、防灾减灾等方面的培训班，培训内容涵盖森林保险的政策与实践、新技术在森林保险中的应用及管理、应用卫星遥感高效定损、防灾减灾措施等，通过现场宣传、座谈会、视频会议等方式，对基层工作单位、国有林场、林业企业、林业专业合作组织、造林大户、散户林农等不同群体进行精准宣传。经过普及森林保险的政策内容，全面宣传防灾减灾的重要性，让更多的林业工作者充分地认识和学习森林保险和防灾减灾的相关知识，提高群众对灾害防范的意识和能力。2013—2021 年，保险机构和林业主管部门累计开展森林保险和防灾减灾培训会 266 场，印发宣传手册、宣传单约 110.8 万册，宣传费用累计投入约 789.02 万元。

专栏 12 防灾减灾宣传

2021年6月，广西壮族自治区林业局在北海市举办“广西政策性森林保险防灾减灾培训班”。全区14个市林业主管部门政策性森林保险业务负责人、政策性森林保险理赔专家，自治区财政厅、自治区林业局有关处室站业务骨干，以及7家森林保险机构业务负责人共180余人参加培训。

此次培训班邀请了北京林业大学、自治区财政厅、广西林业设计院、太平洋产险等单位的相关专家，就森林保险查勘定损技术标准和防灾减灾措施应用、政策性森林保险桉树查勘定损技术规范、森林保险相关财政政策、承保理赔业务流程等内容进行讲解。此次培训班对于提升各级林业主管部门和保险机构的服务水平，充分发挥政策性森林保险在防灾减灾体系中的积极作用，全面推进全区政策性森林保险高质量发展具有重要意义。

图 4-6　培训班现场

三、提升防灾减灾技术

近年来卫星遥感技术、无人机等高新技术手段在保险行业的广泛应用，有效地提高了对森林灾害的监测能力。通过利用卫星遥感监测和识别技术，能实现快速监测灾害的发生，实现全天候、无死角、实时地预测灾害的动态信息，为及时做好预防工作发挥了非常重要的作用。同时，利用无人机技术机动性好、灵活性强、作业效率高的优势，为评估灾害提供了更快捷、更高效的信息技术支持。在“卫星遥感＋无人机技术”的有机结合下，实现“天空地一体化”的监测能力，有效提升森林保险的服务能力，增强森林灾害的监测和预警能力，提升防灾减灾的水平。

第三节　助推乡村产业振兴

森林保险作为风险管理、社会治理和保障林农收入的重要手段，承载了现代林业产业振兴的重要功能。全区积极推进森林保险与产业发展相结合，在扶贫攻坚和乡村振兴上融入惠农政策，因地制宜地扶持当地特色产业，促进地方经济发展，为贫困地区人民稳定脱贫、产业项目可持续实施提供了保障。

一、巩固扶贫产业

全区结合精准扶贫政策，组织开展贫困农户的信息收集工作，落实建卡贫困农户购买森林保险免交保费政策，引导建档立卡的贫困林农积极投保森林保险，扩大贫困林农的保险覆盖面，帮助贫困农户降低生产风险，力争实现贫困林农“愿保尽保”。全区森林保险在扶贫政策和制度体系建设方面不断完善，对切实减轻贫困群众负担，助力兜住扶贫成效，保障扶贫产业发展发挥着积极的促进作用。

专栏13　扶贫政策

平南县扶贫办与人寿财险、北部湾保险联合开展扶贫产业种植保险，并下发实施方案。扶贫产业种植保险将平南县全县范围内的建档立卡贫困户、边缘户、三非户、村民合作社经营管理的扶贫产业基地为投保对象，确定将平南县扶贫产业奖补范围内的农作物皆纳入种植保险范围，其中建档立卡的贫困户保险保费由县级财政承担。这项扶贫保险政策的落地，为助力脱贫攻坚，确保扶贫产业顺利实施提供了保障。

二、助推乡村振兴

全区各地方政府、林业主管部门和保险机构积极推进森林保险产品多元化，围绕林业特色支柱产业创新开发新型保险品种，全面提升森林保险对林业产业的保障能力，加快推进乡村产业振兴。同时，部分保险机构通过下设助力乡村振兴办公室，持续加强基础服务设施建设，构建覆盖全区乡镇的服务网络，完善服务乡村振兴保险的服务体系，为乡村产业振兴提供坚实的保障。

专栏14　乡村振兴

太保财险选派14名工作队员驻村，协助第一书记进行防返贫动态监测、产业推动、政策落实、组织建设等帮扶工作，累计捐赠资金80余万元，保障乡村振兴工作顺利开展，推进巩固拓展脱贫攻坚成果同乡村振兴的有效衔接。

第四节　发挥保险融资增信

林权抵押贷款是林业经济在融资方面的一大重要途径，可以有效帮助林业固定资产变现，使林农扩大生产规模、提升消费水平、改善生活品质。全区开办“森林保险＋林权抵押贷款”组合林权抵押融资业务，通过以生态资产确权，推动各类金融机构在生态产品开发方面的合作，建立绿色金融服务体系，为生态价值实现提供资金保障，有利于巩固集体林权制度改革成果，提高金融机构对林权抵押贷款的积极性。

图 4-7　自治区林业局与各保险机构开展融资增信座谈会

全区积极推进“森林保险+林权抵押贷款”组合营销模式，在一定程度上降低了银行贷款的风险系数，降低了林农的融资门槛，同时还拓宽了保险机构的业务领域，实现三方共赢的局面。“保险+贷款”融资业务的顺利开展，有力地增强了森林保险融资增信的功能，保障了林业产业的发展。2013—2021年，全区开展林权抵押融资业务累计提供增信贷款72.67亿元，累计提供风险保障金435.15亿元。

第五章

典型案例

本章选择部分有代表性的案例，反映 2021 年广西森林保险在产品创新、技术应用、运行机制、融资增信等方面的先进做法和积极作用。

第一节 油茶收入保险助力百色油茶产业高质量发展

百色市地处云贵高原向广西丘陵盆地过渡地带，光照和雨量充足，气候跨北热带和南亚热带，非常适合油茶的生长，是我国油茶的传统产区，有 2300 年多的栽培历史。百色市油茶种植覆盖所有县（市、区），油茶林面积达 207.75 万亩，排全国地级市第三位、全区首位。截至 2021 年，全市累计实施低产林有效改造 81.53 万亩，通过改造实现低产林产量增长 68.6%，新造优质油茶林 53.56 万亩；建成 500 亩规模以上油茶“双高”示范基地 73 个，茶籽年产量达 9.97 万吨，油茶产业年综合产值达到 40.42 亿元。但是每年油茶价格和产量波动较大，极大地影响当年林农油茶收入。

一、基本情况

近年来，为服务百色油茶产业发展，帮助农民脱贫增收，百色市不断创新服务模式，紧紧围绕“为什么要做油茶收入保险”“油茶收入保险做什么”“怎么做油茶收入保险”这一主线，以百色油茶协会为牵引，以油茶龙头企业或油茶专业合作社为主攻方向，引进科技介入，深入为基层林业主管部门和群众解读“政策性”这一深刻内涵，乘势而为，创新开展“油茶产业 + 金融服务 + 科技惠农”油茶收入保险新模式。2020 年凌云县和乐业县进入广西油茶收入保险首批试点县。2021 年乐业县、凌云县、田东县油茶收入保险投保 2.8 万亩，保费 224 万元，提供风险保障 4480 万元，主要承保公司为人保财险及太平洋保险，第一个保险周期内理赔金额 210 万元，为全区油茶“双千”计划顺利实施提供强有力的风险保障。

二、主要措施

（1）统一思想，提高认识。百色市高度重视油茶收入保险工作，在广西壮族自治区下发《关于完善油茶收入保险试点工作的通知》文件后，市林业局第一时间组织产业站研究文件精神，充分认识开展政策性油茶收入保险是助力油茶产业发展的重要举措，做好政策性保险工作，增强林业抵御风险能力，有利于林业生产经营受灾后迅速恢复生产，有利于减少林农投资风险，有利于保障油茶生产经营者的利益，有利于森林资源保护。

（2）积极推动，强化宣传。百色市林业主管部门密切联合中国人保财险百色分公司、中国太保财险百色分公司、北部湾财险百色分公司等多家保险机构及百色油茶协会和航天信德智图（北京）科技有限公司多次深入油茶种植基地、村屯与农户面对面就参保的重要意义、保险原则、目标任务、保险责任、保险期限、测产定产、理赔和免赔范围等内容做了详细说明，增强广大农民群众的风险意识，引导、组织到带动林农集中投保。

（3）科技介入，精准投保。为确保公正客观、覆盖全面、准确高效，百色市引进卫星遥感对投保油茶进行测产，结合“卫星遥感＋地面采样”，将天上遥感卫星筛查出的长势分布不同地区与地面样点结合，确保样点分布科学，确保高产区、中产区、低产区都有样点分布，确保样点数量分布合理科学，最终测产定产数据得到投保群众认可。

（4）列入“林长制”，高位推进。“林长制”实行以来，百色市充分利用“林长制”考核指挥棒作用，把油茶收入保险工作列入县（市、区）“林长制”内容之一，有力促进了该项工作的推进。

三、取得成效

（1）丰富特色农业保险供给。开展政策性油茶收入保险，完善油茶种植收入风险保障体系。油茶林收入保险改变过去单一承保自然灾害风险的传统方式，逐步向市场风险转变，拓宽农业保险领域。

（2）提高经营者抗风险能力。推广油茶收入保险，油茶收入保险理赔在降低市场风险、增加林业收入等方面发挥了积极的作用，提高了林业的风险意识。通过理赔有效地减少了企业经济损失，促使企业（林农）第二年管护更新，并帮助其恢复油茶生产经营。

（3）开展政策性油茶收入保险，有利于保险企业拓展市场，增强保险实力，有利于改革林业补贴方式和救助方式，建立市场化的林业收入保障机制，为油茶产业发展起到了积极的推动和保障作用，减轻了林业受到市场波动影响，提高林业市场竞争力。

（4）减少经济损失成效显著，通过实施农业保险保费补贴政策，充分发挥财政补贴资金杠杆作用。2021 年全市油茶收入保险 3 户报险，已经全部理赔完毕，为后续农户的投资起到了很好的示范作用。

（5）投保户满意度高。通过对油茶收入保险投保户调查，投保户对油茶收入保险零投诉，满意度为 100%。

第二节　卫星遥感技术实现红树林虫灾快速定损

红树林被称为“海洋卫士”和“消浪先锋”，保护红树林资源，对于保护生物多样性、抵御海洋自然灾害、改善沿海生态环境具有十分重要的意义。广西红树林面积达 9412.11 公顷，占全国的 34.7%，居全国第二位，分布在北海、防城港、钦州 3 市。但是广西红树林易受广州小斑螟、白囊袋蛾、柚木肖弄蝶夜蛾等有害生物危害。

一、定损背景

广西红树林主要分布于淤泥质滩涂，传统的人工调查方式时间长、难度大且效率低，难以获取实测数据。随着“3S”技术的发展，国内外学者利用遥感技术对区域尺度下的红树林进行遥感监测，研究内容主要集中在红树林面积时空动态变化、湿地景观格局、红树林保护与管理效果评估等方面。不同于光学卫星影像，由于具有高精度、高时空、高现实性、大比例尺及智能化等特点在红树林遥感监测方面的应用越来越广泛。2021 年 4 月，中国人保北海市分公司承保的合浦县红树林，遭受渔藤、毛额小卷蛾、广州小斑螟等有害生物的损害，导致沙岗、闸口等 7 个乡镇的部分红树林出现较大面积的病虫害现象。为了能够快速定损赔偿，中国人保北海市分公司委托航天信德智图（北京）科技有限公司利用卫星遥感的方式对红树林受损情况进行监测。

二、定损过程

航天信德智图（北京）科技有限公司利用多期高空间分辨率卫星影像数

据，分析红树林树的光谱特征、物候特征、纹理特征和几何特征，对比受灾前后影像数据和地面调查数据，基于变化检测技术和专家知识进行分析，结合地面调查数据，建立随机森林分类模型算法，分析出红树林的受灾分布及面积，旨在为该区域受损红树林的快速理赔及保护、恢复提供数据支持。

图 5-1 合浦县监测区域红树林受灾等级分布图（左）和地面调查照片（右）

三、定损成效

基于卫星遥感技术，结合地面调查数据，建立随机森林分类模型算法，最终测算出红树林受灾面积为 6516 亩。按照受灾害程度和灾害面积折算，赔款金额核定人民币 160 万元。实现了对受灾区域精准定损、高效理赔的目标。

第三节　融安县创新投保方式提升林业风险保障能力

融安县是广西林业重点县，土地面积 435 万亩，森林面积 317.68 万亩。其中商品林 233.29 万亩，公益林 82.69 万亩。商品林主要树种有杉木、桉树、松树等。融安县林业生产面临火灾、风灾、气象灾害、有害生物灾害、地质灾害等多种灾害风险。为降低林业经营主体自然灾害损失、促使经营者能够在灾后尽快恢复造林生产，融安县创新投保方式，切实提高森林政策性森林保险覆盖面，为推动林业事业的可持续健康发展保驾护航。

一、主要做法

（1）整体投保，全县覆盖。坚持“政府引导、政策支持、市场运作，自主自愿”的原则，以采取集中投保方式进行投保，其中公益林以乡镇为单位出单，县林业局作为投保人与保险机构签订保险合同，保险受益人为森林和林木权属所有者；商品林以村为单位出单，县林业局作为保险组织人，与承保机构签订保险合同，保险受益人为森林和林木权属所有者。承保机构按要求做好投保明细，出具保险单、保险发票，上交森林保险公示、公告资料（公示公告牌设立在各村村委会所在地，载明保险内容、面积等信息）等所需材料，在9月底完成本年度森林承保工作。

（2）明确职责，部门协作。由县政府领导，县财政局、林业局、保险机构及各乡镇政府相互协作配合。县政府负责组织协调，审核工作方案；县财政局负责资金的落实；县林业局负责制定投保方案，审核保险机构材料，资金拨付，理赔监督，受理保险投诉、政策性森林保险宣传；保险机构负责承保、接险理赔、宣传解释；乡镇政府负责协调村屯投保和宣传。各部门既分工又协作，为有效开展政策性森林保险工作奠定坚实基础。

（3）优化服务，确保质量。由县林业局划定每个保险机构承保哪几个乡镇，年终由县林业局对各保险机构的服务质量进行考核，考核分低于70分的，次年减少一个乡镇的承保面积，调减的承保面积增加给考核分最高的保险机构，最终保持3～4家保险机构承保。该做法有助于避免一个保险机构因承保面积过多而导致承保理赔质量下降，并逐步淘汰服务质量差的保险机构，从而确保承担政策性森林保险机构的服务质量。通过几年来的努力，政策性森林保险逐步获得了林农的赞扬与认可。

（4）加强宣传，实地讲解。保险机构积极通过各种方式宣传政策性森林保险，县林业局、各乡镇政府通过发放宣传手册、召开群众会议、讲解理赔个案实例等多种形式对农户进行政策性森林保险宣传，广泛深入宣传森林保险知识，引导经营主体自愿参与森林保险，为推进融安县政策性森林保险工作营造良好的氛围，提高政策性森林保险知晓率。

二、取得成效

承保方面。2021年全县政策性森林保险签订保单1.99万单，承保面积315.98万亩，承保率达100%，实现森林保险全县覆盖，保费收入达574万元，保险金额达38.52亿元，各级财政补助477万元。其中公益林签订保单13单，承保面积82.69万亩，承保率达到100%，保费收入86.76万元，保险金额 8.68 亿元，各级财政补助 86.76 万元；商品林签订保单 1.98 万单，承保面积 233.29 万亩，承保率达到 100%，保费收入 487.70 万元，保险金额29.8亿元，各级财政补助390.38万元。理赔方面。2021 年全县理赔35户，理赔面积 0.72 万亩，理赔金额 65.69 万元，均为商品林受灾理赔。

第四节　森林保险为广西国家储备林发展保驾护航

中国是世界最大的木材进口国，为缓解我国木材供求日益凸显的矛盾，国家林业局于 2013 年启动国家储备林建设试点工作，2018 年正式印发《国家储备林建设规划（2018—2035 年）》，提出到 2035 年，规划建设国家储备林 2000 万公顷，年平均蓄积净增 2 亿立方米，年均增加乡土珍稀树种和大径材蓄积 6300 万立方米，实现一般用材基本自给。

一、广西国家储备林建设现状

广西作为国家储备林建设主要阵地，提出以“为国储材，为民储财”为核心宗旨，构建“现有林木资源提前变现、定期获取林地租金及管护报酬、到期林木采伐收益分成”的短中长期综合收益机制，全面打通了农户和村集体增收渠道。2015 年，广西率先成为全国首个利用国家开发银行贷款建设国家储备林的省份，获国家开发银行授信 300 亿元。2021 年，广西壮族自治区人民政府办公厅印发《广西加快推进国家储备林高质量发展十条措施的通知》（桂政办发〔2021〕33 号），提出力争到 2025 年，全区国家储备林贷款余额达到 1000 亿元，新建国家储备林 1000 万亩。截至 2021 年年底，广西建设国家储备林面积超过 1100 万亩，建设规模稳居全国第 1 位，累计增加项目区林农收入近 40 亿元，提供就业岗位超过 4 万个。

二、国家储备林融资增信需求

国家储备林的投资资金主要来源于金融贷款。但是林业是个“露天”产业，受自然气候条件影响大，容易因自然灾害遭受巨大损失。为降低林权抵押过程的灾害风险，2015 年 12 月 17 日，国家开发银行与国家林业局、广西壮族自治区政府在京签订《共同推进广西国家储备林项目建设合作协议》等多项合作协议，建立“风险准备金 + 林权抵押 + 林业保险”风险防范机制。

三、森林保险金融发挥资增信效果

2021 年，人保财险与国开行联合开办“银保”组合林权抵押融资业务，当年承保森林保险面积 461 万亩，为高峰、博白、七坡等 22 家国有林场及企业提供风险保障金共 61 亿元，累计撬动国家储备林建设专项贷款资金 61 亿元。随着该业务的持续推进，在助力全区 2100 万亩储备林建成后，可产生生态价值 625 亿元，促进 6.3 万个劳动力就业，农民投工投劳创收达 24.3 亿元，将对全区山区农民增收、改善生活起到示范效应，对全区经济发展、生态建设、环境改善意义重大。

图 5-2　自治区林业局前往桂林市、玉林市开展国家储备林保险调研

第六章 主要问题和对策建议

虽然全区森林保险发展取得显著成就，但森林保险供给和服务能力不足与“三农”日益增长的保险需求之间的矛盾仍较突出，森林保险的发展和监管仍面临较大挑战，需要采取相应对策以突破森林保险发展的瓶颈。

第一节 主要问题

从全区近 10 年森林保险实践来看，森林保险主要存在如下问题：

一、保险产品无法满足社会需要

一是与广西优质森林资源的核心地位不相称。广西林地面积、森林面积、森林蓄积量、森林覆盖率等主要指标都位居全国前列。特别是广西人工乔木林面积达 9000 多万亩，约占全国的 1/10，是我国人工林面积最大的省份，每年木材产量约占全国木材产量的 50%，但广西整体承保率仅为 60.76%，商品林承保率仅为 43.88%。

二是广西特色经济林险种有待开发。全区特色经济林面积 3000 多万亩，特别是油茶、核桃、油桐、八角、肉桂等大宗林产品产量位居全国前列，但目前仅开发有油茶收入保险和澳洲坚果种植险，且承保规模总体偏小，其他经济林种植险以及收入保险、价格指数保险、气象指数保险等特色险种尚未开发。

三是森林商业险发展缓慢。以保价值为基础的商业火险虽然近 6 年承保面积仅 6000 多万亩，保费收入累计达 2.0 亿元，但是理赔金额极小，风险与费率不匹配。

二、风险保障程度不足

一是保障水平仍偏低。广西政策性森林保险责任为再植成本，具体责任是林木受灾损失后按造林技术规程恢复森林第一年内的总费用，包括苗木和肥料等生产资料购买、林地清理、整地、施肥、栽植及必要抚育管护到造林成活率达标期间所需要的各种费用。目前商品林保险金额为 1250 元 / 亩。然而，桉树、杉木、松树等主要树种实际造林投入期限是3年，第一年成本就达到900元/亩左右。商品林现有保障水平与林农的造林全成本、林木价值保障需求仍有很大差距。特别对于相对昂贵的珍贵树种种植成本（2500元/亩左右）来说，保险金额更是“微不足道”。

二是巨灾准备金制度缺失。全国相继有福建、江西、四川、海南、吉林等省建立了巨灾风险准备金制度，但广西还没有建立巨灾准备金制度。近年来广西先后经历了多次巨灾侵袭，其中2014年的“威马逊”和2015年的“彩虹”台风对广西森林造成了巨大损失，2014年和2015年商品林简单赔付率达到261.73%和123.90%，赔付金额击穿保费收入，严重影响了承保机构在沿海地区的承保积极性。

三、林农参保意愿受抑制

一是经营规模影响着农户的参保意愿。如果林业收入在林农家庭收入中的占比较小，或者只作为家庭经营的副业来经营，广大林农就对林业风险不够重视，小规模林农的参保意愿较弱。

二是风险认知低抑制农户参保意愿。森林灾害具有发生频率低、损失程度高的特征，理应采取规避或转移的风险管理手段。但是部分森林经营者对森林灾害风险的认知不足，不能正确把握森林风险的客观规律，靠天吃饭的侥幸心理仍普遍存在，不主动参与森林保险。

三是产品缺陷抑制农户的参保意愿。目前政策性森林保险在产品供给上的2个突出缺陷就是保障水平较低和保险品种单一。当保险赔付无法保障林农的经济利益，显然林农参保意愿会大大降低。

四是业务弊端抑制农户的参保意愿。近10年来全区森林保险总体赔付率为35.14%，一些地方出现拒赔、惜赔、拖赔等现象，一定程度上影响农户的参保意愿。如在查勘定损阶段，从受灾到核损再到赔付需要经过事故上报、事故查勘、初次定损、专家界定、张榜公示、发放赔款等多个环节，林农不能及时得到赔付资金，影响灾后恢复造林，从而产生不满情绪，抑制下一周期的参保意愿。

四、承保理赔业务开展存在难题

一是标的数据库缺失。当前保险机构已经“挨家挨户”采集林农身份证号、联系方式、账户信息、林权证复印件等投保信息，但往往缺乏对树种、树龄、位置、边界等重要标的信息的现场验证。全区参保商品林地块信息没有矢量化，没有建立专题管理数据库，这对森林保险规范化管理非常不利。

二是经营成本和理赔成本较高。广西是森林大省，林地面积大，但地块呈现“小而散”的特点。根据政策性森林保险“承保到户，理赔到户”的基本要求，目前保险机构经常需要“挨家挨户”开展业务，经济成本和时间成本过大。

三是查勘定损技术规范不完善。虽然自治区层面先后出台了《广西壮族自治区政策森林保险承保理赔业务规程及灾害损失认定标准》《广西政策性森林保险林业有害生物灾害损失认定标准》《政策性森林保险桉树查勘定损技术规范（试行）》，但公益林、松树、杉木、红树林等损失界定标准不够具体，理赔标准不够明确，损失调查标准和方法不一，导致出现了较多的定损理赔争议纠纷，制约了林农投保意愿。

四是道德风险与逆向选择难以防范。投保后部分投保人可能会疏于管理、怠于管理，有些地方甚至人为造险，出现了“不保险不出险，一保险就出险”的现象。由于森林保险的品种单一，高风险地区的林农投保积极性很高，而低风险地区的林农参保意愿不强。林农会根据不同树种的风险特征与生育期差异特征，倾向对高风险的树种进行投保。

五、协调与考核机制存在缺陷

一是考核机制不健全。现阶段全区部分森林保险经办机构基层服务网点建设缓慢，政策宣传力度不大，森林保险产品创新能力不强，承保理赔服务效率不高，以及与相关部门沟通交流能动性不足等方面的问题，但缺乏相关考核办法，无法进行有效的督查和监管。

二是基层政府与保险机构间政策衔接不畅通。当前市级以上政府的政策实施均较为成熟和规范，但县级政府的配套资金与乡镇级政府的业务推动仍存在一些问题。部分县级配套资金没有真正落实到位。乡镇级政府的业务推动主要是不积极的问题，这与配套绩效制度不完善存在很大关系。

三是基层政府与保险机构间业务衔接不稳定。保险机构的业务开展有诸多环节，且在多个环节都需要政府部门的参与。比如承保动员需要乡镇农业负责人、灾害理赔需要林业主管部门技术人员的查勘定损及相关证明等。但是，政府各部门工作的边界和内容尚无严格的政策文件，会导致基层政府与保险机构之间的业务衔接不稳定、不流畅的现象时有发生。

第二节　对策建议

鉴于森林保险的复杂性客观存在，针对全区森林保险存在的主要问题，建议重点在以下几方面取得突破。

一、加大森林保险特色产品创新

建议加大对特色经济林产品森林保险险种开发的支持力度，争取将油茶等特色林产品纳入国家试点，对各设区市或县区自主开发的特色产品，配套给予财政资金支持并进行考核，以推动森林保险高质量发展。未来一段时间，联合自治区财政厅、银保监局和承办机构继续推动红树林生态保护保险、金花茶综合气象指数保险、林业野生动物肇事保险等险种尽快落地实施，不断满足林业领域风险保障需求。

二、提高森林保险的保额水平

积极探索从保物化成本、生产成本、完全成本到产量保险、价格保险、收入保险的转变；推动实行因地制宜、分级分档的商业性森林保险产品结构，使森林保险产品更加适应林业生产经营者的需求。特别对全区投保面积增加潜力最大的商品林和国家储备林，商品林保额应适时提高到 1500 元 / 亩以上。

三、加强森林保险风险区划研究

全区突发性自然灾害影响突出，灾害及其衍生灾害近期呈扩大化趋势，灾种增多，各主要灾种灾害频率加快、灾情趋重，给林业生产带来重要的影响。不同树种对同一自然灾害的影响有差异性，同一树种在各县域间表现有差异性，同一自然灾害有不同年度的发生频率有差异性。为建立科学的森林保险费率拟订和动态调整机制，实现基于地区风险的差异化定价，真实反映林业生产风险状况，建议进一步加强森林保险风险区划研究，构建全区森林保险生产风险地图。

四、完善多层分散的风险分散机制

为了保证森林保险经营的可持续性，需要构建大灾风险分散机制，以便在更大范围分散风险、分摊损失，增强应对巨灾冲击的能力。大灾风险需以“财政支持、多层设计”的核心架构，不断探索建立保险机构大灾风险基金、政府支持的再保险、自治区级巨灾基金、中央层面大灾基金兜底的分层结构，实现市场化与政策性结合的韧性巨灾分散机制，对真正的区域性巨灾，能举全区之力统筹转移支付。

五、建立自治区级森林保险信息管理平台

基础数据库不完善是广西森林保险产品设计、保费制定和分散风险方面的重要制约因素。成本保险、收入保险、目标价格补贴政策的实施，关键在于面积、生产成本、产量、价格等数据的准确核定。因此，有必要建立农户层面的林产品资源、生产、销售及风险保险数据库，促进跨部门数据共享，为全区开展森林保险精确承保、科学定价、风险区划、风险评估、费率厘定、快速理赔奠定数据基础。

六、探索商品林村级统保机制

建议以村为统保基本单位，围绕“自主自愿、承保到户、理赔到户”原则建立村级统保模式。结合市、乡、村三层政策森林保险宣传，选取具有相对稳定集体收入且同意用于支付个人缴纳部分保费的行政村作为商品林村级统保试点村，保险机构聘用村委作为协保员协助完成权属地块边界图册、验标、村民参保确认签字书等承保信息采集和保费收缴。分户建卡，即制作《森林保险集体投保分户清单》，将投保林农分户建卡，在录入被保险人姓名、身份证号码、银行账号及开户名称时要与身份证

或户口簿保持一致。

七、完善对保险机构科学考评制度

建议在地方政策性森林保险招投标和动态考评制度中，加强对森林保险承保任务完成情况、保障水平、简单赔付率、理赔速度、林农满意度、政策宣传等重要指标的考核，以期在森林保险行业中形成比拼“保得多”“赔得好”“赔得快”“花得少”的良性竞争秩序，充分保障林农的保险权益，提高林农的森林保险满意度和获得感。

八、优化森林保险承保方式

为实现森林保险“应保尽保、愿保尽保”目标，建议考虑将森林保险、油茶收入保险、林木种苗保险、林下中药材保险、古树名木保护救治保险等林业政策性险种进行统筹采购。积极探索高风险地区和低风险地区、公益林保险和商品林保险合理搭配的模式，适当考虑重点扩大高风险地区商品林承保面积，推进区域林业政策性综合险种高质量发展。

附 表

附表 1　2021 年广西森林保险主要统计数据

附表 2　2013—2021 年广西森林保险主要统计数据

附表 3　2021 年广西森林保险典型创新产品

附表 4　广西森林资源主要指标

附表 1　2021 年广西森林保险主要统计数据

地区和单位	险　种	承保面积（万亩）	保险金额（万元）	保费总额（万元）	中央财政补贴（万元）	自治区本级财政补贴（万元）	市县财政补贴（万元）	林业经营单位/林农承担（万元）	受灾面积（万亩）	赔付金额（万元）
总　计	合　计	13122.40	13526028.24	21801.69	7811.31	9230.02	1961.83	2798.54	38.38	2929.82
	公益林	7178.19	6588922.27	7168.51	3584.29	2961.12	623.09		2.62	91.96
	商品林	5941.53	6927231.14	14138.39	4227.02	6003.67	1220.05	2687.66	35.01	2637.51
	油茶收入保险	2.56	4079.77	205.04		112.77	10.25	82.02	0.75	200.35
	种苗保险	0.1178	5795.06	289.75		152.46	108.44	28.86		
南宁市	合　计	570.85	572532.39	706.55	298.91	304.75	48.62	54.28	3.41	126.02
	公益林	434.37	420660.79	434.15	217.19	177.34	39.85			
	商品林	136.48	151871.60	272.40	81.72	127.41	8.77	54.50	3.41	126.02
柳州市	合　计	1591.83	1761989.20	2735.74	911.86	1173.85	204.03	446.01	14.20	487.32
	公益林	463.27	437364.69	463.33	231.65	193.21	38.24		1.03	20.55
	商品林	1128.50	1324527.78	2267.37	680.21	977.86	165.53	443.77	12.67	307.73
	油茶收入保险	0.06	96.73	5.04		2.77	0.25	2.02	0.50	159.04
桂林市	合　计	2446.31	2580442.14	3656.85	1344.21	1453.49	383.52	475.64	3.22	328.72
	公益林	1235.77	1096611.20	1235.77	617.88	486.96	130.92		0.91	17.63
	商品林	1210.54	1483830.93	2421.08	726.33	966.52	252.60	475.64	2.31	311.09

地区和单位	险　种	承保面积（万亩）	保险金额（万元）	保费总额（万元）	中央财政补贴（万元）	自治区本级财政补贴（万元）	市县财政补贴（万元）	林业经营单位/林农承担（万元）	受灾面积（万亩）	赔付金额（万元）
梧州市	合　计	870.47	959692.63	2877.64	905.09	1146.75	301.79	524.01	2.53	49.27
	公益林	208.05	200233.63	208.97	104.49	82.96	21.52		0.27	14.98
	商品林	662.42	759458.99	2668.67	800.60	1063.79	280.27	524.02	2.26	34.29
北海市	合　计	31.56	29234.04	112.25	34.61	44.86	11.27	21.52	0.02	2.57
	公益林	4.66	2197.17	4.66	2.33	1.82	0.51			
	商品林	26.90	27036.87	107.59	32.28	43.03	10.76	21.52	0.02	2.57
防城港市	合　计	206.92	216581.08	340.42	134.61	137.85	32.36	35.60	0.07	17.15
	公益林	162.43	162426.90	162.43	81.21	57.77	23.44			
	商品林	44.50	54154.18	177.99	53.40	80.07	8.92	35.60	0.07	17.15
钦州市	合　计	113.31	117639.91	414.79	127.00	169.12	38.27	80.39	1.67	266.02
	公益林	12.81	10432.87	12.81	6.41	4.97	1.43			
	商品林	100.49	107207.04	401.97	120.59	164.15	36.84	80.39	1.67	266.02
贵港市	合　计	150.24	150847.30	357.26	123.42	139.20	39.14	55.49	1.63	324.05
	公益林	81.23	74905.42	81.23	40.62	31.18	9.44			
	商品林	69.01	75941.88	276.03	82.81	108.02	29.70	55.49	1.63	324.05

地区和单位	险　种	承保面积（万亩）	保险金额（万元）	保费总额（万元）	中央财政补贴（万元）	自治区本级财政补贴（万元）	市县财政补贴（万元）	林业经营单位/林农承担（万元）	受灾面积（万亩）	赔付金额（万元）
玉林市	合　计	201.06	210938.93	664.34	208.63	315.46	16.72	123.53	1.04	263.43
	公益林	46.63	39145.41	46.63	23.32	19.94	3.38		0.01	2.14
	商品林	154.43	171793.52	617.71	185.32	295.52	13.34	123.53	1.03	261.29
百色市	合　计	2246.76	2181684.03	3217.56	1195.66	1438.84	210.59	372.47	2.67	442.89
	公益林	1470.96	1309948.06	1470.96	735.48	634.77	100.71		0.14	27.46
	商品林	773.29	867752.92	1546.59	460.18	694.07	99.88	292.47	2.53	415.43
	油茶收入保险	2.50	3983.04	200.00		110.00	10.00	80.00		
贺州市	合　计	840.51	890347.75	1394.57	475.66	586.07	111.20	221.64	1.48	92.12
	公益林	286.46	258996.44	286.46	143.23	114.99	28.24		0.01	4.25
	商品林	554.05	631351.31	1108.11	332.43	471.07	82.97	221.64	1.47	87.87
河池市	合　计	2777.80	2980308.63	3962.99	1477.18	1755.38	448.31	282.12	5.01	351.95
	公益林	1876.07	1869915.44	1876.07	938.03	805.23	132.81		0.01	0.42
河池市	商品林	901.62	1104598.13	1797.17	539.15	797.69	207.07	253.26	4.76	310.22
	油茶收入保险								0.25	41.30
	种苗保险	0.1178	5795.06	289.75		152.46	108.44	28.86		

地区和单位	险 种	承保面积（万亩）	保险金额（万元）	保费总额（万元）	中央财政补贴（万元）	自治区本级财政补贴（万元）	市县财政补贴（万元）	林业经营单位/林农承担（万元）	受灾面积（万亩）	赔付金额（万元）
来宾市	合 计	348.59	273894.53	397.93	179.23	158.35	40.68	19.67	0.85	128.11
	公益林	299.41	216081.43	299.57	149.73	115.81	34.03		0.25	4.53
	商品林	49.18	57813.10	98.36	29.50	42.54	6.65	19.67	0.60	123.58
崇左市	合 计	726.19	599895.69	962.81	395.25	406.07	75.33	86.16	0.57	50.20
	公益林	596.07	490002.81	585.47	292.74	234.16	58.58			
	商品林	130.12	109892.88	377.34	102.51	171.91	16.75	86.16	0.57	50.20
区直林场	合 计	629.89	624344.28	1362.72	433.70	669.14	12.22	247.66	13.31	565.58
	公益林	135.01	92665.91	124.42	62.21	62.21			0.02	1.26
	商品林	494.88	531678.38	1238.30	371.49	606.93	12.22	247.66	12.77	405.28
	油茶收入保险								0.52	159.04

注：油茶收入保险受灾面积类型包括单产量、单价格、产量+价格等面积。

附表 2　2013—2021 年广西森林保险主要统计数据

年　份	险　种	承保面积（万亩）	保险金额（万元）	保费总额（万元）	中央财政补贴（万元）	自治区本级财政补贴（万元）	市县财政补贴（万元）	林业经营单位/林农承担（万元）	受灾面积（万亩）	赔付金额（万元）
2013	合　计	2725.53	1530328.18	4877.51	726.38	714.90	23.16	3413.06	2.29	376.10
	公益林	183.20	91599.64	274.80	137.40	118.65	18.75			
	商品林	2542.33	1438728.54	4602.72	588.98	596.25	4.41	3413.06	2.29	376.10
2014	合　计	8615.95	3905435.17	11620.29	4812.57	4495.12	1021.56	1291.05	85.29	12699.48
	公益林	5776.26	2262598.42	6783.71	3371.13	2613.32	799.26		0.13	40.88
	商品林	2839.69	1642836.74	4836.59	1441.44	1881.80	222.30	1291.05	85.16	12658.60
2015	合　计	10780.87	5026573.19	15006.50	6150.65	5906.61	1303.98	1645.27	88.88	9169.71
	公益林	6976.69	2773610.83	8247.59	4123.80	3223.08	900.72		5.33	795.42
	商品林	3804.18	2252962.36	6758.91	2026.86	2683.53	403.26	1645.27	83.55	8374.29
2016	合　计	11051.90	6333521.24	20245.73	8247.26	8047.49	1723.69	2227.29	97.38	8247.72
	公益林	7513.06	3612541.14	10837.52	5418.59	4249.92	1169.01		4.60	283.52
	商品林	3538.84	2720980.11	9408.21	2828.67	3797.57	554.68	2227.29	92.77	7964.19
2017	合　计	12256.32	7414017.24	24000.92	9545.81	9635.41	1994.75	2824.95	54.17	5057.83
	公益林	7831.58	3890433.61	11671.99	5835.03	4602.66	1234.29		9.03	853.32
	商品林	4424.74	3523583.63	12328.93	3710.78	5032.75	760.46	2824.95	45.15	4204.51
2018	合　计	13673.68	9035388.68	27846.47	10669.85	12626.55	2116.71	2433.36	100.11	7103.52
	公益林	7917.87	4273232.37	11856.92	5929.78	5055.93	871.21		3.82	237.63
	商品林	5755.77	4761320.57	15947.40	4740.08	7548.29	1237.57	2421.46	96.29	6851.40

年　份	险　种	承保面积（万亩）	保险金额（万元）	保费总额（万元）	中央财政补贴（万元）	自治区本级财政补贴（万元）	市县财政补贴（万元）	林业经营单位/林农承担（万元）	受灾面积（万亩）	赔付金额（万元）
2018	油茶收入保险									7.25
	种苗保险	0.04	835.75	42.15		22.33	7.93	11.90	0.00	7.25
2019	合　计	13139.72	9726416.34	20815.74	7638.69	9916.87	1436.85	1823.34	203.32	8800.70
	公益林	7444.18	3859239.27	7459.55	3732.30	3187.65	539.60		2.12	323.09
	商品林	5695.39	5860052.20	12999.95	3906.39	6385.48	894.75	1813.34	201.20	8178.30
	油茶收入保险									149.66
	种苗保险	0.16	7124.87	356.24		343.74	2.50	10.00	0.00	149.66
2020	合　计	14024.27	10644303.31	23097.67	8275.26	11243.38	1506.16	2072.87	178.94	5457.25
	公益林	7631.59	3979338.94	7619.66	3811.26	3292.56	515.84	0.01	32.61	455.14
	商品林	6391.32	6653118.44	14878.09	4464.00	7409.20	978.46	2026.42	146.31	4611.72
	油茶收入保险	1.17	2952.71	154.80		96.51	11.85	46.44		195.20
	种苗保险	0.19	8893.23	445.12		445.12			0.01	195.20
2021	合　计	13122.40	13526028.24	21801.69	7811.31	9230.02	1961.83	2798.54	38.38	2729.47
	公益林	7178.19	6588922.27	7168.51	3584.29	2961.12	623.09		2.62	91.96
	商品林	5941.53	6927231.14	14138.39	4227.02	6003.67	1220.05	2687.66	35.01	2637.51
	油茶收入保险	2.56	4079.77	205.04		112.77	10.25	82.02	0.75	
	种苗保险	0.12	5795.06	289.75		152.46	108.44	28.86		

附表 3　2021 年广西森林保险典型创新产品

序号	产品名称	开办地区	开办公司	保险责任	费率	保险金额	理赔方式	备注
1	油茶收入保险	全区	人保财险、北部湾保险、太平洋产险、国寿财险、平安产险、中华财险、大地产险	在保险期间内，由于下列原因造成保险油茶实际收入低于保险合同约定的每亩保险金额时，保险人依照本保险合同的约定负责赔偿：①由于旱灾、降雨、洪涝、冰雹、台风、冻害、滑坡、泥石流、火灾等自然灾害、意外事故、病虫草鼠害的原因导致油茶鲜果产量下降；②集中上市期油茶鲜果收购价格下降	5%	8年（含）以上树龄良种油茶林2000元/亩； 8年（含）以上树龄非良种油茶林1600元/亩； 5年（含）至7年树龄良种油茶林1200元/亩	每亩赔偿金额=每亩保险金额（元/亩）-每亩保险油茶实际收入（元/亩） 每亩保险油茶实际收入=实际平均产量（千克/亩）×实际平均收购价格（元/千克） 赔偿金额=每亩赔偿金额×保险面积	
2	林木种苗保险	全区	人保财险、北部湾保险、太平洋产险、国寿财险、平安产险、中华财险、大地产险	在保险期间内，由于下列原因直接造成保险苗木的损失，包括流失、主干折断、冲毁或者死亡，且直接经济损失率达到5%（含）以上时，保险人依照本保险合同的约定负责赔偿：①台风、暴雨；②霜冻、冰雹、雪灾；③洪水、泥石流；④火灾；⑤病虫害；⑥野生动物啃食	5%	杉木苗木：裸根苗5000元/亩，容器苗10000元/亩；油茶苗木：裸根苗10000元/亩，容器苗50000元/亩；桉树苗木：裸根苗3000元/亩，容器苗3000元亩	赔偿金额=每亩保险金额×受损面积×损失率 损失率=每亩平均受损株数/每亩平均实际种植株数×100%	

序号	产品名称	开办地区	开办公司	保险责任	费率	保险金额	理赔方式	备注
3	坚果树及果实种植保险	崇左市	人保财险	在保险期间内，由于下列原因直接造成保险坚果树主干折断、连根拔起、植株死亡，或者保险坚果果实损失且损失率达到20%（含）以上的，保险人按照本保险合同的约定负责赔偿：①火灾；②暴雨、洪水、内涝、风灾、雹灾、冻灾、旱灾；③山体滑坡、泥石流、雷击；④地震及其次生灾害；⑤病虫草鼠害	5%	1200元	① 保险坚果果树的损失： 赔偿金额=每亩保险金额×果树损失率×不同生长期赔偿比例×受损面积 果树损失率=单位面积植株损失数量/单位面积平均植株数量 ② 保险坚果果实的损失： 赔偿金额=每亩保险金额×果实损失率×不同生长期赔偿比例×受损面积 果实损失率=单位面积果实损失数量（损失产量）/单位面积平均果实数量（正常产量） 单位面积果实正常产量参照当地该品种坚果近三年平均产量（千克/株），以当地政府部门公布的数据为准	

序号	产品名称	开办地区	开办公司	保险责任	费率	保险金额	理赔方式	备注
4	中药材种植保险	龙州县	国寿财险	由于下列原因直接造成保险茶叶和林下中草药的损失，损失率达到10%（含）以上的，保险公司按照本保险合同的约定负责赔偿： ①暴雨、洪水（政府行蓄洪除外）、内涝、风灾、雹灾、低温冻害、旱灾、地震； ②泥石流、山体滑坡； ③病虫害	6%	保险金额按生产一季林下中草药1500元/亩确定	免赔率按损失金额的20%确定。种植成本高于1500元的品种，如七叶一枝花、砂仁、大钻、天冬等不区分生长期，自休眠期开始每亩赔偿比例为100%。种植成本低于1500元的品种，如草珊瑚、黄花倒水莲、牛大力、两面针、鸡骨香、鸡骨草、绞股蓝等，不同生长期的林下中草药每亩最高赔偿比例为：休眠期50%，萌芽、生长期80%，成熟期100%	

序号	产品名称	开办地区	开办公司	保险责任	费率	保险金额	理赔方式	备注
5	古树名木保护救治保险	南宁市	人保财险	在本保险有效期限内，被保险人在本保险单明细表中列明的地点范围内依法从事生产、经营等活动以及由于意外事故造成下列损失或费用，依法应由被保险人承担的民事赔偿责任，保险人负责赔偿： ①第三者人身伤亡或财产损失； ②事先经保险人书面同意的诉讼费用； ③发生保险责任事故后，被保险人为缩小或减少对第三者人身伤亡或财产损失的赔偿责任所支付的必要的、合理的费用		累计主险责任限额：5000000×费率0.6%～1%=30000～50000元； 累计附加险责任限额：30000～50000×费率20%=6000～10000元； 累计保费：叁万元整	①保单累计赔偿限额为人民币500万元； ②每次事故赔偿限额250万元（其中划分：每次事故人身伤害赔偿限额为人民币200万元，每次事故财产损失赔偿限额为人民币50万元）； ③每次事故每人赔偿限额40万元（包括死亡残疾及医疗费用，其中医疗费用限额5万）	

序号	产品名称	开办地区	开办公司	保险责任	费率	保险金额	理赔方式	备注
6	林业碳汇指数保险	南宁市、来宾市	国寿财险、平安产险	在保险期间内，由于以下原因直接造成投保地理区域内的保险林木完全损毁，且保险林木减少面积大于或等于300亩时，视为发生林业碳汇减弱事件，对于被保险人因保险事故所支出的对当地林业碳汇资源救助、植被恢复等与林业碳汇富余价值生产活动有关的灾后救助费用，保险人按照保险合同约定负责赔偿： ①火灾、泥石流、山体滑坡、空中飞行物体坠落等意外事故； ②台风、洪水（政府行蓄洪除外）、冻灾、雪灾、雨淞、雪淞		参照投保地理区域内的林木资源面积、林木种类及比例、被保险人灾后救助费用等相关数据，由投保人与被保险人协商确定保险林木保险金额，并在保险单中载明	发生保险责任范围内的损失，被保险人向保险人提出书面赔偿申请后，保险人根据保险期间投保地理区域内林业碳汇减少量换算成的年度林木损毁累计面积对应的赔偿金额进行赔付。赔偿金额=林业碳汇减少量换算成的年度林木损毁累计面积对应的赔偿金额×（1-免赔率），投保地理区域内林业碳汇减少量换算成的年度林木损毁累计面积由当地林业主管部门盖章确认的数据为准	

附表 4　广西森林资源主要指标

地　区	森林覆盖率（%）	林地面积（万亩）	森林面积（万亩）	公益林面积（万亩）	商品林面积（万亩）	人工林面积（万亩）	天然林面积（万亩）	乔木林面积（万亩）	乔木林蓄积（万立方米）
全　区	60.67	24016.80	21592.20	8050.68	13541.48	13262.91	8329.25	16155.34	93628.73
南宁市	46.05	1655.85	1526.85	488.33	1038.50	1033.52	493.31	1175.58	6239.77
柳州市	62.40	1904.25	1741.35	452.15	1289.26	1200.70	540.70	1286.61	8383.38
桂林市	68.33	3139.35	2836.05	1304.73	1531.32	1566.20	1269.86	1943.43	12937.65
梧州市	67.82	1440.15	1279.05	238.88	1040.18	1193.14	85.92	1199.52	7372.57
北海市	24.24	152.70	134.10	8.77	125.31	128.77	5.32	123.57	505.39
防城港市	61.11	624.90	556.95	229.56	327.35	466.35	90.56	540.56	2773.46
钦州市	50.64	940.50	832.50	56.18	776.38	748.50	84.06	731.28	3819.43
贵港市	42.39	769.80	674.25	94.69	579.52	602.02	72.19	594.87	3352.62
玉林市	58.79	1242.90	1131.30	98.95	1032.29	1040.92	90.32	977.13	5698.96
百色市	69.60	4306.35	3780.60	1510.80	2269.78	1929.45	1851.13	2908.78	15824.20
贺州市	68.11	1346.25	1200.75	316.67	884.13	828.15	372.65	1013.68	6031.04
河池市	69.98	3854.55	3514.50	2068.29	1446.21	1397.96	2116.54	2063.70	12253.42
来宾市	51.06	1126.35	1025.10	465.12	560.01	575.27	449.86	711.73	4053.00
崇左市	52.25	1512.75	1358.85	717.57	641.23	551.97	806.83	884.91	4383.85

注：数据来源于《广西壮族自治区2020年森林资源管理“一张图”年度更新成果报告》。

《2022 广西森林保险发展报告》是在国家林业和草原局的技术指导下，在广西壮族自治区林业局和中国银行保险监督管理委员会广西监管局的直接领导下，由广西北部湾林业产权交易中心和广西壮族自治区林业勘测设计院共同编写完成的，是集体智慧的结晶。在编写过程中，得到人保财险、太平洋产险、北部湾保险、国寿财险、平安产险、中华财险、大地产险等单位的大力支持，同时也得到各市、县级林业主管部门的密切配合，在此一并表示衷心的感谢！

希望本报告的出版，能对关心森林保险发展的社会各界人士有所裨益。尽管我们为本报告的编写付出了不懈努力，但恐疏漏之处难以避免，欢迎大家提出宝贵意见和建议。

我们联系方式如下：

地址：广西南宁市青秀区云景路 21 号

广西南宁市兴宁区中华路 14 号

电话：0771-6783540，0771-3220558

编　者

2022 年 11 月